CACHEZ CETTE IDENTITÉ
QUE JE NE SAURAIS VOIR

Du même auteur aux Éditions Grasset :

Traité de savoir-survivre par temps obscurs, 2007.
Reviens, Voltaire, ils sont devenus fous, 2008.
Malaise dans l'inculture, 2015.
C'était Charlie, 2015.

PHILIPPE VAL

CACHEZ CETTE IDENTITÉ QUE JE NE SAURAIS VOIR

BERNARD GRASSET

PARIS

ISBN : 978-2-246-86344-1

CHAPITRE PREMIER

L'élégance des monstres

Une fin de matinée, dans ma cuisine, dans cette maison où je vis depuis peu, mais qui est spontanément devenue familière, comme un refuge ancien, comme une nouvelle carapace après la mue du crabe silencieux tapi au fond de la mer, grotte d'ermite, île où, miracle, l'exilé cabossé se sent accueilli par la lumière du ciel et le murmure des choses.

Tous les matins, l'odeur du café italien m'apporte des morceaux de puzzle, courbes dorées de Toscane, amitiés piémontaises, les lunettes à gros verres cerclés de noir sur le piano de Léo Ferré parmi les partitions, l'ocre du chianti qu'on buvait la nuit *quando tutta la famiglia dormiva*, ma voiture tirant avec une corde la vieille Alfa Romeo de mon ami Nando en rade sur la route de Trieste, le désespoir de Rigoletto sur la scène de l'opéra de Ravenne, le nez du duc de Montefeltro, cassé par son faucon, peint par Piero della Francesca, l'éblouissement du dernier vers de *La Divine Comédie*, et tout un embrouillamini d'images d'un paradis italien sans lequel mes désirs de fuite n'auraient plus de destination.

Depuis que je ne suis plus directeur de ceci ou patron de cela, les appels téléphoniques se sont raréfiés. Mes parents et la plupart des amis qui m'ont mis au monde en jouant pour moi le rôle de Socrate sont morts, soit de vieillesse, soit de maladie, soit assassinés par des terroristes musulmans. Dans les journaux, que je lis encore par une fidélité sans amour, ou bien à la radio – dégoulinante d'une morale que l'ignorance rend innocemment criminelle – j'ai parfois de mes nouvelles. Comme j'ai disparu, ils inventent. Au détour d'un article, ici et là, je lis que je suis un épouvantail de turpitudes. À mesure que je me perds dans le lointain, j'oblige le cracheur à cracher toujours plus loin, plus fort, plus salement… Le jour où ils auront le souffle d'un dieu grec je me retournerai peut-être pour leur demander quel avantage ils ont à faire vivre des tragédies aux créatures – car il ne s'agit pas que de moi, hélas, loin s'en faut – qui incarnent les désirs qu'ils s'interdisent.

Par cette fin de matinée, dans ma cuisine, le téléphone sonne. Ça ne peut guère être qu'un ami, les autres préfèrent courageusement parler de moi sur Twitter, cette Kommandantur de l'amitié, cet abominable zombie lifté qui se prend pour une nouveauté alors qu'il n'est que la duplication d'une très ancienne infamie. Je sais que l'on va m'opposer que ce n'est pas que « ça ». Peut-être, mais le fait est que je n'en connais que « ça ». C'est un peu comme l'islam. On me dit que ce n'est pas que la violence. Oui, c'est vrai. Mais le problème, c'est que je ne me suis jamais intéressé outre mesure à l'islam – pas plus qu'à l'hindouisme ou au football – et que la seule porte par laquelle cette religion est entrée dans ma vie c'est celle de mon désespoir devant des tombes où reposent des personnes qui ont appris en mourant qu'Allah voulait leur mort. Je ne demande qu'une chose, qu'on me convainque du contraire, encore qu'il soit un peu tard, non ? J'ai la même compassion pour tous les organismes dotés d'un système nerveux susceptible de leur faire ressentir l'atrocité, l'enfer de la peur et de la souffrance, et la proximité inéluctable de la mort. Ça, personne ne choisit d'en être doté. Les animaux, les hommes naissent ainsi, avec une effrayante probabilité de vivre l'horreur qu'il faut tout faire pour éviter.

Un bon rayon de soleil de mai entre par la fenêtre, passe la porte du salon et vient dorer tout ce que j'aime : chats qui dorment ou qui rôdent, piano ouvert, prêt à produire une joie inexplicable pour peu qu'on y plaque trois beaux accords qui se suivent ingénieusement, et un mur compact où la littérature fait miroiter les infinies possibilités de l'univers.

«Allô, c'est G..., je te dérange?» Je regarde l'heure, car, depuis des années, je fixe un rendez-vous aux officiers de sécurité quand je sors de chez moi. Je déteste les faire poireauter. Je les aime bien. Ils sont comme tout le monde, nés avec une effrayante probabilité de vivre l'horreur qu'il faut tout faire pour éviter. Ça va, j'ai une heure devant moi, et c'est en général le temps d'une conversation téléphonique avec G... «Non, j'ai tout mon temps.

– Je veux savoir comment tu vas.» G... ne demande pas machinalement «Ça va?». Il *veut* savoir. «Ça va...

– Qu'est-ce que tu fais?

– Je me prépare à écrire un nouveau livre. J'ai signé avec Grasset. Ça fait deux ou trois mois que je rumine l'idée. Ou plutôt l'idée rumine en moi en me déchirant le ventre. Je prends des notes que je sème dans toute la maison, je les perds, je les retrouve, je n'écris pas. Je n'ai pas trouvé la porte, et je le sens à mon estomac. Il ne me fait pas encore assez mal. Quand ça deviendra insupportable, je me mettrai à écrire.» G... se marre au téléphone. G... se marre tout le temps. Ce n'est pas forcément un rire de gaieté. C'est un rire lubrifiant, qui fait passer ce qui ne passe pas. Un rire de bricoleur génial mais débordé. Un rire de type qui a avalé la vie comme un boulet de canon qui fait le tour de la terre. Il sait que ça va finir un jour, mais son ignorance du «où» et du «quand» prend la forme d'une joie tragique. Un rire qui sait que les grandes beautés de l'art humain transfigurent les grandes souffrances, même si ça ne marche pas à tous les coups, ni tous les jours, ni toutes les nuits. Mais enfin, il y a ça.

«Tu sais ce que tu vas faire? Tu vas te mettre devant ta feuille et tu vas écrire tout ce qu'il faut pas écrire. Ce qui est interdit. Ce qui te fait chier. Ce qui est indicible. Tout ce qui reste coincé, parce que c'est plus prudent…

— Tu as raison. Je vois bien ce que tu veux dire. De toute façon, ce que je veux écrire est interdit.

— Mais tu vas l'écrire quand même, sinon, à quoi sert de faire des livres?

— Je pense comme toi qu'il faut dire ce qu'il ne faut pas dire. Sinon, il vaut mieux rester couché. Mais ce n'est pas facile. Il faut trouver la note. La note juste, celle qui liera les trois premiers accords, puis tous les autres, celle qui donne envie de ne jamais la lâcher, celle qui tient jusqu'au bout, qui est toujours dans le bon ton, que l'on parle de la couleur ni blanche ni rose, mais éperdument douce de la peau des anges, où que l'on racle la merde au fond des chiottes. En attendant, je compose des mélodies sur des poèmes parfaits que je vais chercher partout, en Orient, au Moyen Âge, en Amérique, et bien sûr chez Hugo, Shakespeare, Apollinaire, Rimbaud. Je passe chaque jour des heures et des heures sur mon piano sans jamais m'ennuyer une seconde, délivré du fardeau de moi-même. En ce moment, je tourne autour d'un sonnet de Shakespeare.

– Lequel?

– Le soixante-sixième, celui où il dit qu'il est las de voir la médiocrité honorée, la foi trahie, la vertu transformée en putain, la sottise en docteur, la droiture en niaiserie, et qu'il voudrait tout quitter si mourir n'avait pour conséquence de laisser seul son amour. C'est comme s'il avait deviné qu'un jour, on irait jusqu'à mettre en doute qu'il ait écrit des poèmes et du théâtre qui ne cessent de raconter nos vies.

– Je sais, reprend G..., tu t'es fait enculer, moi aussi, je me suis fait enculer. Mais parfois, note bien que ça peut être agréable de se faire enculer...

– Pas faux. On n'a rien à perdre, nous.

– Moi, je vis avec des morts, c'est comme ça, c'est réglé. » (Avec G..., la conversation peut paraître parfois incohérente, en réalité, elle ne l'est pas du tout. Les raccourcis font voir le paysage sous une lumière inhabituelle grâce à laquelle le regard gagne en précision.) « Pour écrire, il faut mourir. Si on ne meurt pas, si on ne disparaît pas, on ne peut rien dire. »

Je pense avec crainte et respect à Marcel qui a mis tant d'années à faire mourir Proust pour que vive enfin l'étrange personnage qui raconte *À la recherche du temps perdu*.

« Et pourtant, G..., si tu réussissais à percevoir ce que tu provoques chez les gens, même chez ceux qui, par dépit, prétendent qu'ils ne t'aiment pas, tu sentirais le vent dément offrir un peu de répit à ta coque de noix...

– Moi, je m'en fous, maintenant, rien n'existe que là, tout de suite, à la seconde. Rien d'autre. La beauté, la grâce, un point de vue qui fait qu'on les emmerde, parce qu'ils ne comprennent pas. Trop petits, trop cyniques, trop médiocres. Je ne les aime pas. Je les méprise avec leur bonne conscience de barbares péteux qui s'ignorent. Qui ignorent tout. Qui ne savent rien de rien. »

J'ai résumé, mais ça fait une heure. J'aurais voulu retranscrire mot pour mot parce que ses mots sont précis et choisis pour traduire sans filtre l'énergie d'un organisme intelligent qui a la franchise d'un chaos intérieur quand la majorité des gens s'échinent à exprimer d'eux-mêmes une cohérence d'autant plus ennuyeuse qu'elle n'existe pas. C'est avec les caractères tragiques comme celui de G... qu'on rit le plus. Les artistes sont des gens qui tirent les autres d'un somnambulisme où tout est attendu. Or la vie est par nature inattendue, pleine d'incroyables et douloureuses chutes comiques.

Aujourd'hui que le temps qui me reste à vivre est plus bref que celui que j'ai vécu, je n'aime mes frères humains qu'artistes. Je n'entends pas par là : exerçant une profession artistique. J'entends par là des gens qui savent exprimer quelque chose qui les dépasse, qu'ils possèdent mais qui leur échappe, qui créent des moments de poésie sans s'en rendre compte. C'est l'élégance des monstres et des bâtards. Des gens qui n'ont pas froid aux yeux, et qui se jettent dans le grand bain inconnu, peut-être chaud, peut-être froid, et qui nous éclaboussent d'une joie sans laquelle la terre humaine serait un astre mort. Autant qu'il est possible, je ne vois plus que ceux qui, boulanger ou chanteuse, écrivain ou réparateur de moto, émettent, de temps en temps, une lumière que n'importe quel humain, né n'importe où et n'importe quand, peut s'étonner de percevoir.

Les autres me dégoûtent. Leur absence de courage est sinistre. Je n'en ai pas pitié sauf quand ils sont blessés ou mourants. Voilà déjà une chose qu'il ne faut pas dire.

CHAPITRE 2

Mais de que quoi parle cet abruti ?

À la télévision, un journaliste tend son micro au leader local de la CGT devant une raffinerie en grève. Le ton, d'abord. Péremptoire, n'attendant aucune réplique, autoritaire, définitif, rempli de la certitude que l'histoire des luttes sociales n'avait eu pour but que de converger vers son existence, il était là, face caméra. La grève, qui menaçait de paralyser le pays, avait de toute évidence deux causes, comme dans les rêves selon Freud : l'une manifeste, l'autre latente. Pas si latente que ça, d'ailleurs. La cause manifeste, c'était une loi – la fameuse loi Travail, dont le syndicat pensait – à tort ou à raison, mais le débat est légitime – qu'elle était un recul des avantages acquis. Visiblement, la contestation de la loi n'était pas sa principale préoccupation. Elle n'était qu'un prétexte pour tenir un discours qui n'avait rien de syndical, si l'on s'en tient à l'idée républicaine que les syndicats défendent les intérêts sociaux de leurs adhérents et laissent les partis s'occuper des luttes politiques. En l'occurrence, pour la CGT, il s'agit plutôt du Parti communiste si tant est qu'il y ait encore quelqu'un à bord d'un parti qui a finalement décidé d'oublier qu'il avait inventé le Goulag, sans doute pour se laisser la possibilité de le réinventer... Le cégétiste avait un visage assez fin, des yeux vifs, il était habillé avec une certaine recherche, genre « Au vrai chic bolchevique du XIᵉ arrondissement ». Pas du tout le look de Martinez, dont on se dit qu'ils ont dû chercher longtemps avant de trouver l'exacte réplique du cégétiste tel que le dessinait Cabu. Celui-là n'avait pas de moustaches à la Staline. Du moins, pas apparentes. Aujourd'hui, ce sont les plus dangereux. Ceux qui ont une paire de moustaches intérieure, bien épaisse, bien taillée comme celle du Petit Père des peuples, bien cachée derrière les côtes, juste à la place du cœur. D'une voix calme et posée, sur un rythme professionnel témoignant d'une connaissance profonde des arcanes du matérialisme dialectique, il donnait un cours de science politique au pauvre journaliste de BFM, qui lui tenait le micro sous le nez et se dandinait d'un pied sur l'autre en attendant la fin de la démonstration. De temps en temps le micro vacillait. La fatigue, le vent... C'était long. À Paris, le présentateur et la régie devaient commencer à trépigner en se demandant si on allait pouvoir envoyer les pubs en temps et en heure... « Nous vivons dans un pays fasciste, expliquait notre syndicaliste, nos libertés sont virtuelles, nous sommes désormais en dictature. L'état d'urgence…, l'utilisation de l'article 49-3…, le président qui a trahi le peuple pour se vendre au Medef…, l'État policier, les camarades condamnés…, une caste dirigeante qui usurpe le pouvoir…, la répression policière…, la rue doit reprendre l'initiative…, l'Europe qui roule pour la finance…, cette démocratie n'en est pas une, elle est le faux nez d'un capitalisme criminel…, nous luttons pour rendre la parole et le pouvoir au peuple… »

J'étais tout seul devant mon écran mais j'ai laissé échapper ce cri du cœur : « Mais de quoi parle cet abruti ?! » À la télévision, sa péroraison n'a fait l'objet d'aucune remarque, ni du pauvre journaliste dont le sang avait dû quitter le bras à force de servir de pied de micro, ni du présentateur parisien qui a repris l'antenne et qui, sans transition, est passé au foot.

Mais de quoi parle cet abruti ? J'ai la rage, je suis triste et inquiet, je suis fatigué de sentir rouler en moi la colère quand je regarde la télévision, quand j'écoute la radio, quand je lis les journaux. Oui, bien sûr, il y a les nouvelles dramatiques, les guerres, les scandales, les assassinats, les fous qui ne sont pas assez sages, les sages qui ne sont pas assez fous, la montée des partis politiques irresponsables… Oui, il y a tout ça qui ne fait pas de la lecture des nouvelles une partie de plaisir. Mais ce n'est pas ce qui m'inquiète le plus. Le monde est parcouru de drames depuis toujours. L'humanité informée est, bon gré mal gré, rompue à cette vague incessante. Mais il y a sur la planète un espace où les drames ne sont tout à fait de même nature que dans le reste du monde habité. Hors des États de droit, le drame fait partie du système, le pouvoir produit une tragédie permanente : avant toute chose, il suscite la peur chez ses propres administrés, qui savent, tout au long de leur vie, que l'arbitraire peut leur tomber sur la tête demain, dans une heure, dans un an. Au contraire, dans les États de droit, le drame est un accident. L'individu est souverain et il a des droits imprescriptibles. Ça change tout. Ce n'est pas le paradis, mais c'est quand même merveilleux. Ça n'était jamais encore arrivé dans l'histoire de l'humanité qu'autant de personnes, sur autant de territoires, jouissent de ces droits et de cette liberté.

Ce qui me rend fou ce ne sont pas les individus, citoyens de ces États de droit, quand ils contestent ce qu'ils considèrent comme des erreurs politiques ou des injustices. Ce sont ceux qui utilisent les erreurs et les injustices comme prétextes pour contester radicalement l'État de droit lui-même. Comme si le coupable était l'État de droit et non ceux qui l'incarnent, c'est-à-dire tout le monde.

Jusqu'aux années quatre-vingt – moins de deux générations nous séparaient encore du cauchemar de la Seconde Guerre mondiale – la contestation de l'État de droit était très minoritaire, exotique, repérée comme un folklore politique un peu bouffon. Sartre chantant les louanges de Mao Zedong, c'était comme si le pape s'était mis un nez rouge et avait entonné *La Danse des canards* sur le balcon de la place Saint-Pierre. Il n'y avait que de très grands et très stupides romantiques et les terroristes italiens, allemands, et quelques Français pour prendre ça au sérieux.

Le problème, c'est que beaucoup de ces romantiques décérébrés ont fini par faire carrière dans les médias, la politique et l'université. Et ils sont toujours là! Mais surtout, la génération qu'ils ont formée (si l'on peut appeler «former» les jeunes leur apprendre à nier la réalité et leur faire penser la même chose en même temps) est omniprésente dans le monde médiatique, politique et culturel. Ils portent la responsabilité de la crise démocratique que l'on connaît. Ils ont enseigné l'ignorance de leur propre ignorance, ce qui est le crime absolu pour des intellectuels. Et c'est devenu commun d'entendre des discours comme celui du leader cégétiste.

N'importe quel acteur de cinéma approuve ostensiblement quand, chez Laurent Ruquier, Besancenot conteste les élections et le processus démocratique pour appeler à balayer ces «démocraties pourries». Aujourd'hui, une ancienne marchande de fringues qui a fait fortune en montant une onglerie par Internet, le philosophe à la mode et le chanteur du dernier tube peuvent à l'unisson et en toute bonne conscience faire une ovation sympa après une tirade de Besancenot appelant à l'insurrection populaire pour installer une dictature trotskiste ! Sartre, sors de ta tombe ! Dis-leur que tu plaisantais ! Reviens pour faire le fameux geste des deux mains avec l'index et le majeur levés qui veut dire qu'on parle entre guillemets ! Non mais allô quoi. Tu parlais du shampooing, pas de la démocratie !

Il en faut pour me choquer. J'aime les grosses blagues, la grossièreté, le culot qui coupe le souffle, la transgression qui fait étouffer de rire même quand elle dérange, le souffle de liberté qui décoiffe et je range Sacha Baron Cohen parmi mes penseurs préférés. Mais les types qui, entre deux vannes moyennes, font une leçon de morale politique au terme de laquelle l'État de droit est traîné dans la boue sous les bravos d'un public qui ne comprend même pas qu'il est en train d'applaudir la bande-annonce de son apocalypse, j'avoue que ça me rend mélancolique.

Il ne s'agit ni plus ni moins que de banaliser un dégoût des libertés qui, en s'exprimant, pense exercer *la* liberté. Au cours des innombrables publi-reportages effectués sur les «Nuit Debout» – peuplées majoritairement d'enseignants, d'étudiants, de lycéens et d'intermittents –, chaque fois, on a entendu cette ignorance qui s'ignore étaler son dégoût pour la démocratie, au nom de la liberté.

Finkielkraut a été bien naïf en tentant d'aller dialoguer avec la jeunesse. Sans le service d'ordre, il en serait sorti par les urgences.

Sur les plateaux des médias, on a alors vu défiler une pléiade de soixantenaires de gauche, terrifiés à l'idée de laisser passer une nouvelle révolution de la jeunesse, exprimer avec application leur enthousiasme pour ne pas risquer de passer pour des vieux cons, révélant du même coup qu'ils en étaient, et ridicules de surcroît.

Les médias n'ont pas été choqués outre mesure par le curieux sens du dialogue de ces nouveaux héros de la « vraie » liberté, qui, apparemment, ne savent rien ni de la manière dont les Soviets ont résolu le problème du temps de parole, ni de l'issue de la Révolution culturelle chinoise, ni de la façon dont se sont conclues les révoltes de Budapest et de Prague... Puisqu'il devient de plus en plus difficile de faire les 507 heures, puisque le statut des étudiants n'est pas satisfaisant, puisque le chômage touche n'importe qui, puisque l'État d'urgence menace leur liberté de manifester, puisque le statut de professeur n'est plus valorisant, ils veulent changer de régime, et instaurer une « démocratie directe », sans même avoir l'idée de ce que ça peut bien être...

Un rédacteur en chef d'une chaîne de télé m'envoie des mails et me téléphone régulièrement pour que je participe à une émission de débats. J'y vais une fois, deux fois, trois fois... Puis vient le jour où l'animateur évoque la « Nuit Debout », et me demande si ça me rappelle Mai 68. Je réponds que non, parce que, dans le bric-à-brac de Mai 68, il y avait quelques idées qui exprimaient un puissant désir de moderniser une démocratie figée dans des conservatismes qui n'étaient plus acceptables. Il s'agissait de vivre autrement les histoires d'amour et de désir sexuel, et, *surtout, de remettre en cause la condition des femmes, scandaleusement inégalitaire.* Par ailleurs, le leader du mouvement de mai s'appelait Cohn-Bendit et, lorsqu'il a été expulsé de France, tous les manifestants ont repris le slogan : « Nous sommes tous des juifs allemands ». On est très loin de la tentative de lynchage de Finkielkraut par des « Nuit Debout » qui, au nom d'une prétendue passion pour le peuple palestinien, refusent de dialoguer avec un intellectuel français qu'ils perçoivent d'abord comme juif.

Pendant toute ma réponse, j'ai vu l'animateur se décomposer. Il a fini par me couper la parole pour ne plus me la rendre. Et ils ne m'ont jamais rappelé. Je note cet épisode comme un signe. Cette chaîne n'est nullement « marquée à gauche ». Mais le monde médiatique a tellement peur de ne pas être dans le coup, et il croit tellement qu'être dans le coup, c'est trouver une légitimité aux aberrations antidémocratiques, qu'ils ont dû penser avec raison qu'ils allaient se faire « pourrir » sur les « réseaux sociaux » qui sont le nouveau visage de la censure, et que je nuirais à la bonne image de la chaîne. Ils ignorent deux détails :

– Les réseaux sociaux, pour ce genre d'émission, c'est, au mieux, trois cents énervés qui vocifèrent, parmi soixante millions d'habitants dont l'immense majorité n'a aucunement envie de voir son pays se transformer ni en « Nuit Debout », ni en califat, ni en paradis cubain ou vénézuélien.

– Ce sont les médias eux-mêmes qui ont fini par asseoir la légitimité de ces irresponsables, en donnant à Tariq Ramadan, à Besancenot ou à Mélenchon des temps de parole infiniment supérieurs à ceux accordés à Pascal Bruckner, Boualem Sansal ou Élisabeth Badinter, sans parler de l'omniprésence des nouveaux moralistes que sont les humoristes avec leur passeport tamponné palestinement correct, garantis islamo-compatibles et certifiés opposés à l'aéroport de Notre-Dame-des-Landes. Et s'ils sont, en plus, pour le boycott d'Israël, ils peuvent revenir la semaine prochaine.

Quand on en est là, on n'a rien à perdre, non ? G… a bien raison. On fait un livre pour dire ce qu'il ne faut pas dire. Et justement dans ce livre, j'aimerais parler de deux ou trois choses qu'il vaut mieux taire à propos des Grecs, mais là encore, je pense que ça se passera bien. Mais, et c'est là que ça se gâte, je vais aussi parler des juifs. Et ça, vraiment, si vous n'êtes pas entraînés, je vous le déconseille. Moi ça va. Je me suis préparé. Je suis là pour faire cracher le venin, un peu comme les laborantins qui recueillent celui des serpents pour en faire des antidotes. Comme eux, je ne suis pas à l'abri d'une morsure. Mais c'est le métier.

CHAPITRE 3

La mélancolie juive

Je n'aimerais pas être juif. Je dis ça comme je dirais que je ne voudrais pas être homosexuel en Iran ou jeune fille d'un « quartier sensible » aimant s'habiller à la mode. Nos sociétés, qui excellent à se renier elles-mêmes, adorent nommer les choses par leur manque : un quartier sensible, c'est précisément un quartier d'où la sensibilité a disparu, d'où elle est proscrite, pourchassée, traquée. Mais au lieu d'appeler les choses par leur nom, c'est-à-dire des cités infectées par le trafic d'armes, de drogue, et par une radicalisation islamique qui instaure une terreur fasciste, on dit « quartier sensible ». En résumé, nos États de droit, dont, c'est bien connu, la barbarie dépasse toutes les autres, maltraitent leurs quartiers dont la sensibilité crève les yeux. Quand je pense à ce que nous coûtent nos universités – la France est peut-être la seule, parmi les grandes démocraties du monde, à ne pas être fière de ses universités, et elle a, hélas, raison… – et aux salaires que l'on donne aux sociologues qui enseignent le déni de réalité à la jeunesse, je me dis que Michel Houellebecq, en écrivant *Soumission*, invente une fable qui ne passe pas bien loin de la vérité.

Je ne voudrais pas être juif parce que ceux qui les injurient sont condamnés par les tribunaux de justice, et ceux qui les louent sont condamnés par le tribunal de l'opinion médiatique. Il reste donc le silence, qui, en l'occurrence, n'est rien d'autre que la honte. Alors les Français juifs se demandent si, au bout du compte, il ne vaudrait pas mieux quitter la France. Notons que les condamnations de justice concernant les propos antisémites sont rares, et généralement prudentes. Le coupable s'en sort souvent bien, l'ardoise est vite effacée, et il descend les escaliers du Palais sous les applaudissements des militants de la diversité, brandissant sa condamnation comme un fait d'arme. Le tribunal de l'opinion, qui condamne la défense des juifs, est plus sévère. La société médiatique est un procureur sournois qui met plus ou moins discrètement le coupable au ban de la société. Accessoirement, pour peu qu'il ait un métier public, il est privé de travail. Dans les jours qui ont précédé mon arrivée dans une entreprise publique, j'ai eu droit à un tract contestant ma légitimité parce que j'étais «contre la corrida et pro-israélien». Heureusement qu'ils ignoraient que je n'étais pas fan de Jean Ferrat!

Il est arrivé que des amis bienveillants me conseillent de mettre en veilleuse ce genre d'anecdotes, qui ne font, disaient-ils, que réveiller inutilement des démons... Je leur faisais remarquer que les démons étaient déjà parfaitement réveillés et qu'éviter de rapporter la réalité des choses, c'était collaborer avec ce qu'elles avaient de pire. Oui, me répondaient-ils, mais il faut être politique. Mon métier n'est pas d'être politique, mais de raconter ce que je comprends de mes frères humains et des rapports qu'ils entretiennent : l'amour, l'indifférence, l'hostilité, la haine, la solidarité, le crime, la sagesse... Si un jour je faisais de la politique, j'agirais peut-être autrement, mais j'estime que le journaliste, l'écrivain, le philosophe sont là, entre autres choses, pour dire ce que le politique ne veut ou ne peut ou ne sait pas dire. J'ai cessé de voir ces amis bienveillants. Chacun s'en porte beaucoup mieux. Avec l'âge, on perd en tolérance, mais ce n'est pas grave, parce qu'on gagne en compréhension.

S'il faut que les politiques aiment et protègent les artistes et les intellectuels, c'est parce que eux-mêmes en ont besoin. Les créateurs sont toujours scandaleux, de manière discrète ou tapageuse – ils disent toujours ce qu'il ne faut pas dire, ou ils ne disent rien... Les petits ou gros scandales que déclenchent leurs manières de dire le monde préparent l'indispensable banalisation des libertés qu'un jour, tout le monde devra accepter, et que les politiques devront garantir par des lois.

C'est la raison pour laquelle les hommes politiques qui ne sont pas un peu artistes sont médiocres. Ils ne sont pas outillés pour comprendre leur fonction primordiale qui consiste à veiller à reformer les conditions de la concorde entre les hommes lorsque cela s'avère nécessaire. Y compris contre leurs opinions personnelles. Un politique un peu artiste, c'est celui qui considère que la culture n'est pas seulement un élément de prestige, mais aussi et surtout une donnée fondamentale de la concorde, laquelle est le cœur et la justification de la politique. La culture est la porte par laquelle le citoyen et l'homme politique peuvent accéder à une connaissance d'eux-mêmes. Elle leur donne la motivation et l'élan nécessaires pour se hausser au-dessus des intérêts immédiats de leur parti ou de leur carrière, afin de rappeler haut et fort des vérités indicibles. On reviendra sur l'aventure churchillienne, exemplaire à ce titre. Mais en attendant, je voudrais rappeler un moment parlementaire.

Au lendemain des attentats de *Charlie* et de l'Hyper Cacher, le Premier ministre Manuel Valls a prononcé un discours remarqué et remarquable. Le ton, la conviction, la sincérité ont emporté l'adhésion non seulement des représentants du peuple, mais du peuple lui-même, ce qui est assez rare pour être noté. Mais son discours contenait une bombe à retardement, laquelle n'était pourtant qu'une vérité d'évidence. Il y rappelait – et quel malheur qu'il faille du courage pour le faire – qu'après ces attentats, les juifs ne devaient pas quitter la France, parce que la France sans les juifs ne serait plus la France.

Loin d'être une formule rhétorique, il s'agissait du rappel urgent d'un fait, lequel, s'il venait à être oublié, précipiterait la fin inéluctable de notre civilisation européenne, si imparfaite, si chaotique, mais unique au monde par son système de libertés.

Le désenchantement n'a pas tardé. Manuel Valls paye cher ce qui, dans un premier temps, a provoqué les applaudissements de tous. L'unanimité suscitée par le rappel de cette réalité bouleversante s'est dissoute rapidement : la petite planète des médias et de la gauche antisioniste s'est offusquée quand le Premier ministre, devant les dérives toujours plus nombreuses des islamistes, a rappelé les principes de la laïcité et du droit des femmes.

Alors, un certain monde médiatique et intellectuel a repris son train-train qui consiste à salir et à discréditer tout ce qui ne fait pas partie de leur club hégémonique, sorte de salon de Mme Verdurin d'avant la troisième guerre mondiale, excluant tout membre qui n'exprime pas son élégance paradoxale en faisant allégeance à l'ennemi. Dans ce salon, dont les réseaux sociaux font circuler les aberrations comme des vérités d'Évangile, on trouve un peu de tout : la pilosité stalinienne d'Edwy Plenel, les trois quarts de l'École des hautes études en sciences sociales, la quasi-totalité de Sciences-Po, les écoles de journalisme, les bagouzes d'Edgar Morin, la morgue de Régis Debray, Michel Onfray qui y entre et qui en sort au gré des prévisions du marché de l'édition, la quasi-totalité du parti des Verts, qui trouve que les vaccins sont plus dangereux que l'islamisme, le tout-venant des animateurs de télévision qui ont voulu faire ce métier parce qu'ils ont vu les émissions de Thierry Ardisson quand ils étaient petits, tout le Parti communiste qui pense encore que l'avenir de l'humanité passe par un coup de faucille sur la liberté et un coup de marteau sur le néocortex, une quantité de politicards socialistes regroupés sous le nom de « frondeurs », parfaitement conscients qu'il est moins dangereux de fronder contre François Hollande que contre Louis XIII, et dont la fronde vise davantage une confortable réélection que la prospérité de leur pays, la moitié du monde du cinéma qui préfère Ken Loach à Ernst Lubitsch, et le petit troupeau des *Inrockuptibles*, qui court dans tous les sens à toute vitesse pour être sûr d'être les premiers à découvrir le génie d'un médiocre.

Car il ne faut pas s'y tromper, ce que l'on appelle imparfaitement « les médias », c'est une galaxie qui pense qu'elle prescrit encore quelque chose, alors qu'elle ne se vend plus qu'à une fraction ciblée de la population. Son désastre industriel ne lui donne pas une seconde l'idée de s'interroger sur son désastre moral. Si elle le faisait, elle découvrirait que le peuple veut simplement qu'on lui parle avec honnêteté du monde tel qu'il est, avec ses beautés menacées, ses peurs et ses dangers.

Et quand je pense qu'il y a encore des complotistes ahuris, et pas que des illettrés, qui croient que les juifs tiennent les médias ! Mais mes pauvres ex-amis, si les juifs tenaient les médias, vous croyez qu'on en serait là ? Le jour où les médias relaieront un appel au boycott des produits palestiniens, on en reparlera...

Qui dira l'insondable mélancolie d'un juif aujourd'hui ? Bien sûr, il y a aussi les grandes blessures que des peuples ont fait subir à d'autres peuples, mais les juifs, c'est un cas à part. Un cas qui nous concerne intimement, non pas tant pour ce que le christianisme, puis le paganisme européen leur ont fait subir, que pour ce que la culture juive a fait d'eux et de nous, réunis en une seule histoire : celle de l'Europe, qui s'invente quelque part en Grèce il y a deux mille cinq cents ans. On peut l'affirmer sans se faire trop d'ennemis... Mais l'Europe s'est aussi inventée quelque part entre la Mésopotamie et l'Égypte. Dans le foisonnement des sectes et des croyances qui parcouraient le Moyen-Orient antique, c'est la secte juive qui a produit une pensée suffisamment universaliste pour pouvoir s'hybrider avec la pensée grecque. Et cette fusion aboutit à une civilisation sans précédent, où la politique, les arts et la science se sont développés comme jamais dans l'histoire de l'humanité, pourtant vieille de trois millions d'années...

C'est une évidence que la France sans les juifs, ce n'est plus la France. L'Italie, l'Amérique, l'Allemagne, l'Angleterre, l'Espagne, les Pays-Bas et tous les autres pays du continent ne seraient plus ce qu'ils sont sans les juifs. Mais autant il est admis et communément rappelé que nous sommes les enfants d'une histoire qui commence à Athènes, autant il s'avère de plus en plus difficile de dire que, de la même façon, nous venons de Jérusalem. Nous employons volontiers l'expression «judéochrétien», souvent pour qualifier tel ou tel aspect critiquable de notre société. Je n'ai jamais compris cette expression, d'abord, parce qu'elle frise le pléonasme, le christianisme étant à sa naissance une secte exclusivement juive. Que l'Empire romain, puis l'Europe aient fini par s'y convertir, c'est une autre histoire, qui, d'ailleurs, passe par la Grèce. En général, quand on dit que nous vivons dans un monde judéo-chrétien, c'est pour déplorer que nous soyons soumis à la notion de péché, de culpabilité, de frustration sexuelle, de morale étroite. Mais la manière dont les pouvoirs spirituel et temporel se sont aidés mutuellement pour produire une morale «chrétienne» servant de socle à leur puissance, et dont ils ont délimité le territoire du bien et celui du mal, a sans cesse été critiquée et remise en cause, précisément par des mouvements d'idées issus de la pensée juive et de la pensée grecque. Ces pensées contradictoires forment un tout indissociable qui s'appelle la pensée européenne.

S'il y a une expression plus pertinente pour qualifier notre monde démocratique, c'est judéo-grec.

Si l'Europe était un corps, oublier son histoire juive, la renier, la négliger, ne pas l'entretenir, reviendrait à se priver d'un organe vital, le foie, le cœur, les poumons, l'un des deux hémisphères cérébraux, ou se priver d'un sens essentiel, l'ouïe, la vue… L'oublier, dans tous les cas, à la croisée des chemins où nous sommes, c'est prendre celui qui conduit inéluctablement à la barbarie. C'est ce que nous sommes en train de faire, tant il est vrai que la barbarie commence toujours par le reniement de ce que l'on est profondément, par un désir d'auto-destruction engendré par la flemme de vivre, par le refus de l'étonnement, par le mépris du savoir et par le confort de l'irresponsabilité. Autant de piliers de la philosophie politique postmoderne.

Comment faire comprendre qu'en appelant, par exemple, au boycott d'Israël, on ne fait rien d'autre que d'appeler au boycott de notre avenir ? Si le boycott est une arme politique pour rappeler un pays à la dignité humaine, pourquoi l'utilise-t-on contre Israël ? A-t-on jamais eu l'idée d'appeler au boycott du pétrole saoudien ? Ou de l'Iran, ou des produits du Yémen, du Soudan, voire de la Turquie d'Erdogan?... Nos élites ont-elles pris la peine de comparer la justice et les prisons turques et israéliennes?

Lecteur, je ne cherche pas à t'agresser, je te parle comme je me parle à moi-même. Nous avons plus de points communs que tu ne penses, comme Baudelaire le supposait déjà quand il te croyait sobre et naïf, homme de bien, et qu'il t'interpellait, «lis-moi, pour apprendre à m'aimer».

CHAPITRE 4

L'Europe de Hambourg à Tel-Aviv

J'étais encore un enfant que déjà j'aimais l'Europe. Je pensais qu'être européen était beaucoup plus prestigieux qu'être français. Sans doute mes raisons étaient-elles enfantines : « Européen » sonnait mieux à mes oreilles, plus savant, plus mystérieux. Et puis, la première fois que je suis sorti de France, parce que je faisais « allemand première langue », c'était pour aller dans cette Allemagne du Nord que j'ai tant aimée. Tout là-haut, à la frontière du Danemark, entre la mer du Nord et la mer Baltique, j'étais miraculeusement ailleurs et chez moi. Après plus d'un demi-siècle, j'en garde encore le souvenir vivace de déchirantes amours de gosse et de joyeuses amitiés. La sensation découverte alors, et qui s'est profondément nichée en moi, c'est celle d'une familiarité, d'une appartenance affectueuse, au-delà des problèmes de langue. Bien sûr, j'aimais ce que je trouvais exotique – les images différentes des publicités, les marques blanches sur la chaussée (elles étaient jaunes en France), les enseignes des magasins, la forme des vélos, les sodas, les repas à base de tartines etc. –, mais j'étais profondément rassuré et mystérieusement ému par ce qui était commun : le rire, la liberté, une civilité, une sensibilité aux belles choses, un respect du voisin… Et puis j'étais un peu étonné par l'émancipation des femmes – elles fumaient entre copines à la terrasse des cafés en mangeant des glaces, chose très improbable dans nos provinces françaises d'alors – et celle des enfants. Mes camarades étaient tous très libres vis-à-vis de leurs parents tandis que dans la France d'alors, l'éducation était indissociable d'une sourde peur engendrée par une sévérité, voire une brutalité, qui, je l'espère, n'est plus de mise aujourd'hui. Au début de ces années soixante, dans cette région d'Allemagne, ce n'était déjà plus le modèle général. Enfant, j'ai assisté là-bas à des dialogues entre père et fils qui me laissaient abasourdi et rêveur. Au lieu de l'engueulade tempétueuse et terrifiante qui suivait immanquablement une sortie trop tardive, j'écoutais avec stupéfaction un dialogue cordial au terme duquel tout le monde allait se coucher de bonne humeur. C'était, sans que ni eux ni moi n'eussent pu le définir ainsi, l'écho lointain et paisible du commentaire juif de la Loi et de la maïeutique socratique.

Qu'y a-t-il de plus beau, lorsque l'on parcourt le monde, que de se sentir chez soi loin de chez soi ?

Évidemment, dans nos voyages lointains, on est toujours épaté par l'exotisme, les accoutrements étranges, les bicoques aux formes bizarres, les os dans le nez, les rites naïfs, incompréhensibles et parfois cruels, les routes poussiéreuses, les pieds nus dans la boue, les enfants seuls au coin des rues aux heures où chez nous ils sont à l'école, la somptuosité des palais et la crasse des trottoirs, par le charme des foules bruyantes qui s'agitent sous le regard d'une police ou d'une armée dont on perçoit sans peine le peu de prix qu'elles accordent à la vie humaine.

Je ne me suis jamais senti à l'aise dans ces pays. D'ailleurs, j'évite désormais de m'y rendre, autant qu'il est possible. Lorsque je suis dans un pays où je sens que mes libertés d'Européen ne sont pas compatibles avec celles des gens que je croise, je ressens une gêne pénible. On peut aimer des gens, mais être rebuté par les liens qui – le plus souvent pour leur malheur – constituent leur société.

Ce que l'Allemagne m'a appris, plus tard, je l'ai retrouvé partout en Europe. Dans l'Espagne d'après Franco, en Italie, en Angleterre, au Danemark, puis, de l'autre côté de l'Atlantique, au Canada et aux États-Unis… Un fonds de civilisation commun, rassurant, amical, un régime de droit sujet à débats, certes, mais sur lequel s'enracine « le pays », ce quelque chose qui se raccroche à la vieille histoire de la *philia* grecque – cet amour citoyen qui a traversé les siècles – et à la pensée juive. Par miracle, malgré les affres de tous les extrémismes religieux et de toutes les démences totalitaires, ils ont finalement gagné dans le cœur des hommes pour devenir un mode politique désormais commun à plusieurs continents et envié par ceux qui en sont privés.

C'est toujours une émotion nouvelle – en ce sens qu'elle n'a pas de précédent connu dans l'histoire – d'arriver quelque part où tout, au premier abord, semble nous différencier de la population locale – langue, nourriture, architecture, détails vestimentaires, climat... – et de découvrir qu'il y a un langage profond qui nous unit : nous sommes citoyens d'une même nation qui parle, à quelques nuances près, le même Droit.

Et voilà qu'au début des années quatre-vingt, je suis invité en Israël pour donner des concerts. J'étais allé dans quelques pays du bord de la Méditerranée, mais nulle part je n'avais réussi à surmonter le malaise de me sentir un citoyen libre au milieu d'hommes et de femmes soumis à des régimes féodaux ou des dictatures militaires. Et j'arrive en Israël dont j'ignorais à peu près tout. Au charme d'un pays ensoleillé baigné par la Méditerranée, à la rêverie provoquée par ces mots : « Moyen-Orient », et, bien qu'incroyant, à ma curiosité naïve pour les lieux de cette Bible dont j'ai tant aimé les histoires quand j'étais enfant et pour la terre qu'a foulée le Christ, s'est aussitôt ajoutée cette familiarité magique que j'ai ressentie dans les pays d'Europe. J'allais écrire « dans les autres pays d'Europe »… Spontanément, Israël est entré dans la liste de mes amours géographiques.

Au bord du lac de Tibériade, sur la terrasse d'une maisonnette, un soir, j'ai dîné chez deux vieux juifs émigrés de Roumanie, d'abord en France, puis en Israël. Je revois encore la dame, très âgée, son verre de whisky dans une main, sa Peter Stuyvesant dans l'autre (boucle bouclée lorsqu'on sait que Peter Stuyvesant, au XVIIe siècle, a échoué à interdire l'installation des juifs à Manhattan), qui parlait politique, musique, théâtre, et menait la conversation avec un naturel dont peu de grand-mères françaises de condition modeste auraient pu se prévaloir à cette époque. Un peu comme dans l'Allemagne du Nord de mon enfance. C'est d'ailleurs souvent par les femmes qu'on entre dans cette singulière familiarité avec les pays que l'on visite. C'est à leur condition que l'on mesure la liberté qui y règne. Au fond, je me rends compte que je n'aime que les pays où je constate que les femmes ont les mêmes droits qu'un homme européen.

Il y a des amours qui vont de soi, d'autres, plus compliquées. Par exemple, si vous aimez l'Italie, personne ne viendra vous demander si vous êtes italien. En revanche, si vous aimez Israël, la question arrive sans tarder : vous êtes juif ?

Et encore, ça n'est pas le plus grave. Autant j'ai pu établir des complicités amicales en témoignant de ma passion italienne, autant – au début, à mon plus grand étonnement – je me suis mis à dos un nombre impressionnant de belles âmes en avouant mon amour d'Israël.

Dans un premier temps, ce n'est pas plus mal, parce que ce genre de désaccord devient vite tellement passionnel et profond que ces personnes disparaissent de votre vie, et bon débarras. Dans un deuxième temps, c'est tragique, car cela montre l'état de l'opinion dans le monde que je fréquentais, c'est-à-dire celui des artistes, des intellectuels et des journalistes.

Les premiers conflits que j'ai connus à cette époque, je les ai vécus avec une candeur qui me fait sourire aujourd'hui. J'étais bien loin de comprendre à quoi se raccrochait cette animosité vis-à-vis d'Israël. Je n'étais pas encore totalement immergé dans le monde intellectuel et médiatique. J'étais en marge. Je gagnais ma vie en faisant des spectacles en duo partout en France, on avait un certain succès. L'écriture, la composition et les tournées ne me laissaient guère de temps pour l'étude des idéologies et de la géopolitique. Je pensais ingénument qu'être antisémite en France, c'était se rattacher à une tradition d'extrême droite moribonde et marginale, une sorte de dandysme sulfureux et ultra-minoritaire, où se côtoyaient anciens d'Algérie, vieux collabos, esthètes céliniens, débris planqués et nostalgiques de la Seconde Guerre mondiale. Ce n'est que dix ans plus tard, lorsque j'ai commencé à collaborer régulièrement à un journal, que j'ai réalisé mon erreur d'évaluation et que j'ai mesuré mon ignorance profonde des courants politiques français, notamment au sein de cette gauche pour laquelle je votais fidèlement, comme si c'était une évidence morale.

Par ailleurs, je n'étais nullement philosémite. J'ai toujours trouvé louches tous les philoquelquechose, philo-occitan, philobasque, philocorse, philorom, philobreton… Tout cela m'a toujours semblé n'être que des figures inversées du racisme, qui proclamaient l'amour d'un groupe humain pour mieux en détester d'autres. J'étais indifférent aux origines et, aujourd'hui encore, l'appartenance d'une personne à une ethnie quelle qu'elle soit ne me dit rien sur elle. La personnalité vient d'abord, le reste est anecdotique, même si parfois l'anecdote est chargée d'histoire, et passionnante.

C'est tellement pratique (et tellement bête) de déclarer qu'on adore les Iraniens, par exemple, ou les Touaregs ! Ça permet d'affirmer, en creux, que l'on n'est pas du tout raciste, puisqu'on « adore » des peuples lointains, aux mœurs, aux musiques, aux sociétés très différentes des nôtres. Ça prouve une irréprochable absence de préjugés tout en permettant d'ajouter « en revanche, j'ai du mal avec les Chinois… » sans se faire taxer de xénophobie.

Au début des années quatre-vingt-dix, lorsque j'ai commencé à m'éloigner de la scène pour me consacrer exclusivement au journalisme, j'ai été étonné de cette sourde violence qui s'exprimait soudainement, même chez des gens gentils et instruits, lorsqu'il s'agissait d'Israël. Je sentais bien qu'il y avait un refoulé qui souffrait de ne pas s'exprimer librement – être taxé d'antisémitisme, c'était quand même la honte… Ne pas pouvoir assumer ce que l'on est et ce que l'on pense vraiment, je reconnais que ça doit être pénible. C'est comme une sexualité honteuse. Elle préside à une vie de mensonges. Dès que certains mots étaient prononcés – juif, Israël – on avait droit soit, dans le meilleur des cas, à des blagues plus ou moins drôles, pour brouiller les pistes tout en signifiant qu'on n'en pensait pas moins, soit à une vraie discussion qui se terminait toujours mal. Généralement c'était à partir de la première discussion sur ce sujet que naissait de part et d'autre une défiance durable, voire irréparable.

Que « la question juive » tranche les positions et qu'elle détermine des incompatibilités entre les personnes, étaient une seule et même chose. Mais une autre en était la cause. Pourquoi, en effet, cette question-là précisément avait-elle ce pouvoir de déterminer des camps qui ne peuvent que s'affronter ? Car, dans ce débat, il n'y a pas grand-chose à négocier. Il n'y a que ceux qui ont gardé en héritage les idées élevées au niveau d'une politique globale par les nazis, pour penser qu'une origine, en l'occurrence juive, mérite la détestation commune.

Une fois que l'on a constaté tout cela, reste à chercher à comprendre pourquoi cette vieille histoire morbide de l'antisémitisme, dont on croyait que l'épisode final avait été la découverte des camps d'extermination, a survécu à toutes les réprobations du monde pour resurgir aujourd'hui avec une stratégie de dissimulation qui ne trompe plus personne. Car il y a deux sortes d'antisémites : l'antisémite désintégré – comme le djihadiste, comme Dieudonné, bref, l'antisémite suicidaire – et l'antisémite intégré, qui va savoir coder son langage, de façon à être compris des autres antisémites, mais irréprochable devant les tribunaux. Là, la liste serait trop longue. L'antisémite intégré est extrêmement susceptible sur la question, y compris l'antisémite juif, qui existe comme l'homosexuel homophobe et la femme machiste, puisque aucun fait de nature ne protège du reniement. Seule la conscience personnelle le peut. Combien de fois ai-je été agressé par ce genre d'individu qui me hurlait dessus : « Quoi, tu me traites d'antisémite, moi ? Antisémite ? » Alors que je n'ai, de ma vie, jamais traité personne d'antisémite avant qu'il n'en fasse ouvertement l'aveu en tenant des propos sans équivoque. Mais la moindre question appelant un peu de réflexion sur la chose est interprétée comme un procès en sorcellerie et une accusation directe. Un dessinateur fameux à qui je ne demandais rien (mais qui avait peut-être le don de lire dans mes pensées) m'assena un jour : « Tu penses que je suis antisémite ? Pauvre con, mais j'ai été marié avec une juive ! » Je me suis contenté de lui rappeler qu'il en avait divorcé, ce qui ne l'a pas calmé...

Cependant, la question reste ouverte, et nous invite à pénétrer dans ses mystères : pourquoi cette passion antisémite a-t-elle muté si rapidement ? Pourquoi est-elle devenue virale au point d'infecter aussi facilement des pans entiers de nos sociétés libres et ouvertes ?

En d'autres termes, que devons-nous aux juifs au point de leur vouer une telle haine ?

Car si notre civilisation de Droit se fonde sur à peu près tout ce qui s'est inventé dans la culture grecque de l'Antiquité et dans la culture juive, pourquoi les Grecs ne subissent-ils pas le même opprobre que les juifs ? Parce que ceux-là se sont convertis au christianisme sous l'empereur Constantin au IVe siècle ? Mais ce n'est pas tout. La raison, c'est que les Grecs, au IVe siècle, étaient déjà passés à autre chose, contrairement aux juifs. Leur civilisation s'est effondrée, ils ont subi différentes dominations, et bien que valeureux navigateurs, ils sont restés sur leur terre. Ce qui s'est énoncé et inventé chez les Grecs en philosophie, en poésie, en théâtre, en architecture et dans tous les arts, l'a été pendant une époque qui était déjà révolue quand le christianisme s'est imposé à l'Empire romain, c'est-à-dire au monde connu.

Les juifs ont une tout autre histoire. Dès le Ier siècle, ils ont été chassés, se sont implantés loin de leur terre de Palestine et leur condition d'exilés, au lieu de faire mourir leur civilisation, l'a au contraire vitalisée, condamnée à se moderniser sans cesse, et à devenir un élément essentiel de l'identité des sociétés d'accueil… Alors que la pensée grecque a agi comme un référent historique, la culture juive agissait comme un organisme vivant, contemporain, actuel, tout au long des siècles qui suivirent leur premier exil. Beaucoup ont gagné l'Espagne, c'est-à-dire les confins de l'Ouest, au plus loin de leur pays devenu un piège mortel. Tout comme après la découverte de l'Amérique, beaucoup traversèrent l'Océan pour s'éloigner de cette Europe obsédée par l'idée d'effacer de sa mémoire la dette contractée auprès du génie juif. C'est au moins un siècle avant la période wisigothique que les juifs s'installèrent dans la péninsule, plusieurs siècles avant l'invasion arabe. Et l'on ne sait rien, ni de l'histoire de l'Espagne et du Portugal, ni de l'histoire de l'Europe, si l'on oublie cette imbrication des juifs dans l'histoire ibérique et européenne.

Aujourd'hui, nous vivons au bord d'un précipice. Nos sociétés démocratiques, qui ne peuvent survivre sans la mémoire et sans l'amour d'une histoire qui les fonde, sont au bord du gouffre. Faussement naïves, elles refusent de faire la différence entre le racisme et l'antisémitisme. Et pourtant, c'est une évidence. Le racisme est un comportement lié à la peur et à la médiocrité, dont le but est de défendre une identité que l'on juge menacée. C'est condamnable, mais c'est un réflexe de défense. L'antisémitisme, c'est le contraire. Il est lié à une haine de soi, qui, poussée à l'extrême, conduit au suicide. C'est l'antisémitisme de l'Allemagne qui l'a conduite à son effondrement en 1945. Les plus grands dignitaires nazis, Hitler en tête, se sont donné la mort, ce qui est la conclusion – réelle et symbolique – de l'antisémitisme.

Aujourd'hui, pourquoi le taire ? La part de notre société médiatico-intellectuelle qui s'est arrogé le monopole du « bien-penser » est suicidaire. Beaucoup de ceux dont le métier n'est pas forcément de réfléchir sur des sujets complexes gobent ce bien-penser en toute bonne foi. Ce ne sont pas forcément des gens mauvais. Ils sont victimes d'un magnétisme qui s'est installé dans l'air du temps jusqu'à interdire à l'aiguille de la boussole de pointer le nord. Comme ce sont des personnes un peu cultivées qui lisent encore quelques livres et quelques journaux, des professeurs, des étudiants, des syndicalistes, des personnalités de la culture et de la politique, ils portent une double responsabilité. Ayant accès au savoir, ils préfèrent l'ignorance démagogique. Ayant choisi de s'exprimer publiquement, ils ont l'obligation morale de transmettre à tous l'héritage auquel nous avons droit. Celui de cette histoire des libertés qui part de l'Antiquité et à laquelle ils devraient sans cesse nous rappeler de rendre grâce, puisqu'il s'agit de nos vies. Pour l'instant, tout laisse à penser que nous sommes en train de choisir le suicide.

Mais pourquoi?

CHAPITRE 5

Cris et chuchotements

Devant cette question, s'ouvre un éventail de possibilités. Certains peuvent tenter de répondre par une analyse sociale, d'autres par des arguments politiques, d'autres encore par des spéculations sur la mortalité des civilisations, et la plupart éviteront la réponse la plus périlleuse : celle qui postule que la responsabilité de chacun, riche ou pauvre, jeune ou vieux, blanc ou noir, est la seule porte qui donne sur un peu de réalité. Pour le temps présent, je me contenterai de ne chercher des réponses que dans le labyrinthe du comportement individuel, le seul qui vaille à mes yeux. Tout le reste n'est qu'excuses et simplifications démagogiques.

Le 14 juillet 2016, à Nice, un djihadiste a foncé dans la foule avec un camion de 20 tonnes provoquant un effarant nombre de morts et de blessés pour lesquels vivre ne voudra plus dire la même chose qu'avant.

Comme à l'accoutumée – puisque désormais, notre vie est ponctuée de crimes terroristo-religieux –

les experts, des journalistes, des intellectuels, des «islamologues», défilent sur les plateaux de télé pour nous expliquer l'eau chaude. Face à la terreur, ils nous rassurent. L'assassin est un déséquilibré, qui s'est radicalisé en huit jours, qui n'a aucun contact avec l'organisation État islamique, et, surtout, et c'est là le point important, *qui n'a, nous insistons, aucun lien avec l'islam.* On glose sur son profil de paumé, frustré, violent, peut-être alcoolique, voire bisexuel… Bref, c'est un accident dû à la folie humaine ordinaire. Pendant cinq jours, ils ont disserté doctement sur toutes les chaînes d'info et dans des tribunes de journaux, sur l'*absurdité* de l'événement et son absence de signification politique. Combien étions-nous à les écouter pérorer en ne croyant pas un mot de leurs divagations? Des millions. Mais ils s'en foutent. Personne n'est dupe, mais on fait comme si. Ils se donnent le rôle de pacificateurs dont la tâche première est d'exonérer l'islam du phénomène de la radicalisation dont chacun est pourtant bien conscient. Et les musulmans les premiers, qui vont finir par être fatigués d'être pris pour des crétins, à force de s'entendre dire qu'ils n'ont rien à voir avec ce qui se passe dans leur communauté religieuse. Cinq jours d'un discours creux, obscène et mensonger, qui témoigne d'un mépris pour les morts et les mutilés, privés en quelque sorte des raisons de leur tragédie, comme de l'identification et des motivations de leur meurtrier. On sait que, notamment pour les crimes sexuels, les victimes ne sont susceptibles de se reconstruire que si elles sont fixés sur la personnalité et les motivations de leur agresseur, élucidation à quoi s'emploie la justice. Tout le monde aurait droit à cette vérité qui est la moindre des choses, sauf les victimes des terroristes islamiques? Étrange éthique. Ils sont donc morts pour rien, puisque le geste de l'assassin est privé *par les commentateurs* du sens que lui-même a voulu lui donner… Et puis, au bout de cinq jours, le procureur Molins fait une conférence de presse au cours de laquelle il révèle que le terroriste s'est préparé pendant des mois, qu'il était bel et bien un musulman radicalisé, qu'il était en lien avec le groupe État islamique, et qu'il avait bénéficié de nombreuses complicités. Bref, tout le contraire de ce sur quoi ils avaient «doctement» glosé pendant cinq jours. Un seul est-il venu s'excuser devant les gens auxquels ils ont imposé leur version négationniste pendant cinq jours au mépris de toute évidence? Non, évidemment. Pourquoi? Parce qu'ils sont persuadés qu'ils ont bien fait. Que leur nullité, leur refus de la réalité, était une mesure de prudence. Ils agissent avec ce «peuple» qu'ils disent respecter comme avec des enfants auxquels il ne faut pas dire la vérité sur certaines choses parce que ça les traumatiserait et les pousserait à faire des bêtises.

Apparemment, cette répulsion à parler de la radicalisation dans l'islam et de ce qu'elle produit nécessairement – le chaos – relève d'une prudence, d'une pudeur, bref, d'un sens des responsabilités qui se présente d'abord comme une déclaration préalable d'antiracisme. L'islam étant désormais entendu comme une race, ce qui est une nouveauté. Que chacun, musulmans compris, ne soit surtout pas amené à se poser la question de la réforme profonde d'une religion qui, aujourd'hui, en se radicalisant, produit la barbarie la plus spectaculaire du monde à l'échelle non d'une région, mais de la planète, cela restera dans l'histoire comme une énigme.

Peut-être pas au « Commencement du Tout », dont je partage avec l'ensemble des créatures une inépuisable ignorance, mais au moins, à notre Commencement d'animal humain, il y a la peur de tout ce qui menace le désir de vivre, peur qui se confond avec la vie même. Freud a longuement cherché à comprendre et à décrire le désarroi – qu'il appelle le « désaide » – du nourrisson qui ne conjure cette frayeur originelle liée à une obscure conscience de sa vulnérabilité que par les moments de jouissance que délivrent la nourriture et l'étreinte caressante d'un autre corps. Lorsque le sein s'éloigne, lorsqu'il ne perçoit plus la protection, le nourrisson sent son existence même menacée par tout l'univers. C'est la première faille paranoïaque, laquelle restera plus ou moins ouverte, selon l'évolution de l'enfant et les aléas de la confrontation de sa personnalité en formation avec son environnement. Cette frayeur primale qu'il finira par contrôler courageusement dans la plupart des cas, autour de laquelle se construira son humanité, lui offrira peut-être plus tard une richesse, une sorte de miracle, un savoir d'une inestimable profondeur : la reconnaissance, dans le visage de l'autre, de cette divinité dont parle le philosophe Emmanuel Levinas, et qui lui ordonne de ne pas tuer. Cette injonction d'amour, qui s'exprime dans la totalité des visages – y compris le mien –, contenue dans le visage de l'autre, précède la loi. Shakespeare l'exprime d'une autre façon par la voix de Desdémone : « C'est dans l'âme d'Othello que j'ai vu son visage. » La loi n'en est que l'expression codifiée, peut-être la traduction toujours grossière, parce que la plupart de ceux qui sont censés faire respecter la loi, les juges, les hommes politiques, préfèrent ignorer l'origine de la loi, pour une raison dramatiquement commune : la connaître les obligerait à se pencher sur eux-mêmes. Ils pensent qu'elle est venue d'ailleurs. Ils ne savent pas d'où. Et ils s'en servent comme d'une règle magique ou pis, comme le produit d'un dieu doué de conscience et de volonté qui en aurait fait cadeau aux hommes. Cette ignorance de son origine charnelle rend la loi paradoxale. Car si la loi est transcendante, sacrée, suprahumaine et d'origine inexplicable, alors cela signifie que l'on peut tuer, torturer, exterminer en son nom, alors même qu'elle ordonne le contraire.

Si l'on ignore comment on est passé du néant à l'énergie, de l'énergie à la matière, et de la matière à la vie, une chose est sûre : tout ce qui vient après est mû par le désir. Désir de vie et de persévérer dans la vie. Depuis l'amibe qui se sépare en deux pour se reproduire jusqu'à Dante qui compose *La Divine Comédie* pour séduire Béatrice, c'est la même histoire. Et Dante le sait bien lorsqu'il conclut son chant en constatant que c'est l'amour qui fait se mouvoir le soleil et les autres étoiles.

Mais la peur est toujours là. Elle veille. Elle alerte. Elle donne des arguments, elle produit de la morale sous des faux noms. Elle invente des dieux abusifs et des stratégies cruelles. Alors, on feint d'ignorer ce que nous dit le visage de l'autre, pour, pense-t-on, rester en sécurité, en oubliant que cette ignorance, à terme, condamne notre propre vie.

Nombreux sont ceux qui ont pris note de la fameuse annonce de Nietzsche : « Dieu est mort » en oubliant opportunément la fin de la phrase : « vous n'avez pas fini de le regretter ». J'interprète ce Dieu de Nietzsche comme l'étincelle d'intelligence sublime – étincelle métaphoriquement divine – qui donne vie à la liberté, à la créativité et à la compassion humaines. Cette étincelle, qui ne s'obtient qu'en se frottant à soi-même, rend l'être, l'humain, responsable du monde qu'il habite. Cette mort de ce « Dieu » paradigmatique que Nietzsche redoute, c'est la fin de la souveraineté de l'individu, ravalé par les sociologues au rang d'élément constituant du Peuple. Seul le troupeau compte. Ce qui se passe au sein du troupeau entre les individus peut être expliqué par des rapports de force économiques, et par un partage arbitraire entre victimes et bourreaux. Et pour éviter de se mettre mal avec certains bourreaux trop menaçants, on en fait des victimes qui ont de bonnes raisons de se venger. Quant aux vraies victimes, ce sont des dommages collatéraux. Ce bavardage imbécile, grossier tour de passe-passe qui s'est lui-même baptisé « sciences sociales », ne veut pas entendre parler des profondeurs de la psychologie humaine et de la responsabilité individuelle, sauf de celle des « bourreaux » – généralement des boucs émissaires comme les « riches », les « colonisateurs », les « impérialistes », les « petits Blancs », issus des démocraties. Les mêmes catégories, mais issues de dictatures telles que la Russie ou l'Iran, sont évidemment épargnées. On refuse de considérer que l'un, dès lors qu'il pose les yeux sur l'autre, quelle que soit sa condition, a des devoirs, et qu'il est coupable s'il y manque. C'est pourtant le prix de sa vraie liberté.

J'ai en mémoire une houleuse conversation téléphonique avec une très fameuse et très respectée avocate, féministe historique, qui, alors qu'il était question de terrorisme, me soutenait qu'il était impensable que les Noirs et les Arabes puissent aussi être racistes, puisqu'ils ne faisaient que lutter contre l'oppresseur… Au fond, qu'exprimait cette dame en exonérant le terrorisme islamique de toute culpabilité morale, sinon une vieille peur enfouie, déguisée en idéologie sociologique ? Sous les oripeaux d'une générosité qui se prétend le credo de la « vraie gauche », il s'agit bel et bien d'une idéologie suicidaire. Elle sert surtout à se convaincre que si l'on exonère l'ennemi de ses crimes, on échappera au prochain massacre. Cette élimination de la mort individuelle est remplacée par une compassion de pure forme pour les morts collectives et *incroyables* dont les médias nous informent. Cet évitement de la mort témoigne du rapport de panique savamment refoulée que les élites elles-mêmes entretiennent avec leur propre mort et de la méconnaissance volontaire qu'elles ont d'elles-mêmes. Elles sont la caricature du tyran décrit par Socrate, qui prétend savoir ce qui est nécessaire pour les autres en ignorant superbement tout de ce qui est nécessaire pour lui-même.

À l'opposé, je voudrais rappeler une scène de *Cris et chuchotements*, où Bergman – le cinéaste du visage – a mis tout son génie pour révéler les racines de cette peur, ce qu'elle provoque chez celui qui y cède en la niant, et chez celui – en l'occurrence, celle – qui la surmonte.

Le scénario, apparemment, est simple. Trois sœurs et une servante dans une maison bourgeoise. L'une des sœurs est très malade. Elle souffre. Elle est mourante. Elle porte la mort sur elle. Elle va mourir. Les deux autres sœurs ne supportent plus la malade, et c'est la servante, une jeune paysanne à leur service depuis quelques années, qui s'en occupe. Les rapports deviennent quasiment géométriques. À mesure que la sœur malade s'enfonce dans l'agonie, les deux sœurs s'éloignent et deviennent agressives, hostiles, glaciales, tandis que la servante ne cesse de se rapprocher du corps souffrant. Puis arrive la scène à proprement parler *sublime* où la servante, qui prodigue tous les soins intimes à la malade, finit par la prendre dans ses bras pour la bercer, la caresser, lui faire partager la chaleur et la douceur apaisante de son corps en vie. Cet enlacement tendre de la jeune paysanne et de la mourante montre comment une personne simple, sans instruction, ignorant sans doute les textes des lois protectrices, vit pleinement ce qui les a rendues possibles. Ce contact physique, *sans peur*, sans répulsion, offre un profond soulagement à la mourante, laquelle, dans ce moment, ressent l'apaisement d'une vie partagée jusqu'au bord de la mort. Avec une infinie subtilité, Bergman crée ce personnage de la servante, pour la faire cheminer le long de son scénario jusqu'au moment où, strictement parlant, elle sauve l'humanité en prenant la mourante dans ses bras.

La fin du film, sur laquelle je vais revenir, peut être interprétée comme une métaphore du rapport qu'entretiennent nos élites avec le terrorisme. Davantage occupées à trouver des raisons aux criminels que d'exprimer un désir d'étreindre symboliquement l'autre – le multiple qui me contient – qu'est la victime, par peur de leur propre mort, elles esquivent leur devoir de sauver l'humanité. Elles font comme si les morts n'avaient pas de visage, et, au bout du compte, elles craignent davantage les victimes que les bourreaux. Elles préfèrent tout ignorer en faisant des uns des « déséquilibrés », des « loups solitaires » ou des « victimes de la société ou de l'histoire » et des autres, des gens qui se sont trouvés à la mauvaise place au mauvais moment.

Si ces élites n'avaient pour devise secrète et rassurante « ça n'arrive qu'aux autres », leurs analyses et leurs commentaires seraient d'une tout autre nature.

L'affaire n'est pas nouvelle. Un petit regard sur l'attitude du gratin journalistique, intellectuel et politique en 1940 révèle une triste constante. À quelques admirables exceptions près, il pactisa plus ou moins ouvertement sinon avec l'ennemi, du moins avec Vichy. Quelques-uns finirent par comprendre, souvent un peu tard, qu'il était plus prudent de ranger leurs billes du bon côté, et quelques autres ont carrément été de braves collaborateurs de la Révolution nationale prônée par Pétain sous l'autorité des nazis. Au bout du compte, s'il met en valeur des grandes figures comme Raymond Aron,

Vercors, Cavaillès, Camus ou Gary, et quelques artistes comme Joséphine Baker, le bilan recouvre d'un voile pudique les girouettes opportunistes que furent les Montherlant, Claudel, Cocteau, Morand, Drieu, sans parler d'Arletty, Mistinguett, Céline...

Mais il faut voir quelle était leur vie avant la guerre. Lorsqu'on atteint une certaine célébrité, la vie change. On jouit de beaucoup de menus privilèges. Même si l'on n'est pas très fortuné, on a accès à une foule de petits luxes gratuits. On reçoit des livres, on est invité aux premières de cinéma et de théâtre, à des colloques, à des dîners chez des personnalités puissantes et parfois très riches, à des vernissages de grandes expositions... Quand on arrive sans réserver dans des restaurants à la mode, on vous trouve toujours une table en vous appelant par votre nom... Beaucoup de petites difficultés de la vie sont courtoisement aplanies. Banquiers arrangeants, postiers serviables, commerçants honorés de votre clientèle... Tout cela n'est nullement répréhensible. Au contraire, ça peut être compris comme un secret remerciement de la société aux gens qui font métier de l'enrichir par leur talent. Mais c'est une foule de petits avantages qui, sans que l'on s'en aperçoive, peuvent devenir un confort tellement précieux qu'on est prêt à tout pour ne pas en être privé. Cela devient une sorte de mode primitif de dépendance, rappel assourdi de l'état du nourrisson paniqué par le manque. Comment vivre si tous ces mini-biberons viennent subitement à manquer? C'est ainsi que des intellectuels ou des artistes, prétendant répondre à la soif de nouveauté du monde, deviennent viscéralement conservateurs lorsqu'une tempête vient agiter le lac artificiel où ils prospèrent. Apeurés par le bouleversement d'un ordre des choses qui les favorisait, ils se rangent instinctivement du côté de l'autorité, si ignoble soit-elle, du moment qu'elle leur garantit la continuité des privilèges. Le champagne et la déférence font parfois plus que force ni que rage.

C'est ainsi qu'on retrouve la fin de *Cris et chuchotements*. La sœur malade a fini par mourir. La servante, seule, l'a maintenue dans l'humanité secourable. Aussitôt, il y a une réunion de famille pour décider des dispositions à prendre. La première sera de renvoyer la servante – attachée à la maison depuis des années – en lui donnant une semaine de gages. Il s'agit évidemment d'effacer la trace de leur peur et de leur lâcheté. On ne veut plus qu'elle réapparaisse. Jamais. Il faut qu'elle s'efface de leurs souvenirs, ce qui est impossible, parce que derrière leur morgue, il y aura, sans cesse refoulée, mais sans cesse revenant, et ce, jusqu'à leur propre mort, cette peur qui leur a fait renier l'humanité. C'est pour cette raison que le négationnisme est toujours contemporain du crime et que les deux ne forment qu'un seul objet. Il *faut* voir comment Bergman filme la réunion de famille, les visages fermés, les regards glacés, les gestes raides. Il est évident que si ces sinistres personnages étaient convaincus de l'efficacité de leur méchanceté, ils exprimeraient une joie, une délivrance, une sérénité. Or tout dans leur corps exprime la haine d'un conflit intime qui travaille en eux, bien malgré eux. Ils portent la mort de leur sœur, qui est aussi leur mort. Quelque chose en eux – l'humanité – s'est suicidé. Et l'on se dit que la servante chassée, malgré le chagrin et la douleur, est le seul personnage du film qui a un avenir où l'amour et la joie ne seront pas impossibles. Pour les autres, c'est fini. Ils devront se contenter de la mesquine satisfaction des avares.

La peur n'est pas une honte. Il est légitime d'avoir peur des barbares qui veulent la destruction de tout ce – et de tous ceux – que l'on aime. La peur est dans la nature comme le courant dans le fleuve. La question est de savoir en quoi consiste le courage. La facilité est de s'installer dans la peur, de «faire avec», et d'aménager au jour le jour le carré de sécurité qui va se rétrécissant à mesure que le danger progresse. Pour cela, il faut aussi inventer un discours justifiant qu'il ne faut ni nommer ni combattre le danger. Chez les intellectuels pacifistes d'avant-guerre, le problème n'était pas Hitler et les nazis, c'était «le peuple allemand humilié par le traité de Versailles». Ce type d'argument s'est révélé fallacieux et délirant après la Seconde Guerre mondiale. En effet, le partage en deux de l'Allemagne fut beaucoup plus humiliant et plus sévère que le traité de Versailles, ce qui n'a pas empêché les Allemands de bâtir une démocratie exemplaire. Façon de voir les choses qui évitait d'avoir à réfléchir à la manière d'éradiquer le nazisme.

L'un des artifices de la peur consiste à modifier la perception de la réalité. Tout le cinéma d'Hitchcock est traversé par les effets de la peur. Une poignée de porte, filmée en gros plan, qui tourne lentement peut semer la terreur dans le public. Et pourtant, ce n'est qu'une poignée de porte qui tourne. Pas besoin de fabriquer cent dinosaures de vingt tonnes qui attaquent Los Angeles pour semer la terreur dans la salle. Une poignée de porte suffit.

La peur a pour effet immédiat de transformer la réalité en une multiplicité de fictions possibles. Une poignée de porte tourne lentement sous les yeux d'une personne seule dans une chambre. Il y a plusieurs imaginations qui se bousculent : il s'agit d'un oncle pervers, comme dans *L'Ombre d'un doute*, ou d'un tueur psychopathe, comme dans *Psychose*, d'un amoureux qui arrive avec un bouquet de fleurs, d'une grand-mère qui apporte des croissants, d'un monstre extraterrestre, d'un revenant, de l'employé du gaz, on ne sait pas, mais la peur fait cohabiter toutes ces imaginations. Le rôle de l'intellectuel, comme celui d'Hitchcock, consiste à faire le tri et à rappeler que la réalité ne peut pas être multiple. Elle est unique. Et pour pouvoir l'affronter, qu'elle soit anodine ou dramatique, la première règle est d'en prendre connaissance afin d'adopter la meilleure conduite face à la situation.

Donner les outils intellectuels pour nous faire percevoir la réalité au-delà de nos peurs, rappeler au travail obstiné de la raison, déjouer les prismes déformants que nous tendent sans cesse la morale routinière, les religions prosélytes qui nous font ressentir des excès de peur, d'enthousiasme ou de dégoût face à une réalité violente, amener autrui à trouver au fond de lui la ressource de lucidité et d'humanité nécessaire lorsque le danger n'est plus un fantasme, mais une réalité qu'il faut combattre et contre laquelle il est impératif de gagner : si ce n'est pas le rôle précieux des élites dans une démocratie, alors à quoi servent-elles ? À bavarder vainement dans les journaux et à la télévision pour rappeler qu'elles existent et continuer à jouir de privilèges qui ressemblent chaque jour davantage aux bénéfices de l'imposture ?

Mais comment, au nom de quoi, pourquoi, pour quelle raison peut-on surmonter la peur ? Seul ce qui nous dépasse un peu nous donne ce courage. Encore faudrait-il être dépassé par quelque chose qui existe en nous. On le voit chez les animaux craintifs, comme les oiseaux, lorsqu'un prédateur s'approche du nid où piaillent les petits. Chez la plupart des animaux doués d'un système nerveux complexe, la progéniture en désaide *fait partie* de leur propre corps dans lequel joue l'instinct de conservation. Parmi les choses qui tentent de définir en quoi l'homme est un animal mais pas une bête, il y a cette capacité de faire partager à l'autre, quel qu'il soit, le bénéfice de mon instinct de conservation, jusqu'à la limite de la légitime défense ou de la guerre à mort qu'il me déclare. La Loi naît de cette force obscure qui agit en nous et que nous devons faire remonter jusqu'à la clarté de la raison.

Dans le livre de l'Exode, c'est cette Loi que Moïse ramène quand il descend du Sinaï. Au cœur du décalogue rayonne le commandement fondamental : tu ne tueras pas. Pour faire remonter ce commandement juif jusqu'à la raison, il y aura le bouleversement de la pensée grecque. Un des aspects majeurs de ce fameux « miracle grec », c'est qu'il part de la connaissance des faits pour aller jusqu'à la généralité de l'abstraction. Par exemple les Anciens avaient découvert que dans un terrain cultivable triangulaire d'une surface donnée et limitée par un angle droit, les côtés avaient une certaine longueur qui définissait la propriété. C'était une connaissance d'arpenteur. Il a fallu Pythagore pour montrer que dans *tous* les triangles rectangles de l'univers, le carré du côté opposé à l'angle droit était égal à la somme des carrés des deux autres côtés. Cette découverte avait une vertu : elle pouvait mettre d'accord sur un fait de connaissance n'importe quel être humain, quelles que soient son origine et son opinion. Les premiers philosophes étaient souvent des mathématiciens, parce qu'ils cherchaient des lois constantes qui pouvaient mettre tout le monde d'accord. Il faut sans doute d'innombrables choses grandes et petites, importantes ou futiles, pour établir la concorde entre les hommes. Mais aucune n'est négligeable. Toute découverte, qu'elle soit d'ordre philosophique ou de nature scientifique, est nécessairement précieuse. La concorde n'est pas un concept creux, il est au contraire rempli d'une foule de points d'accord sur les sujets les plus divers. C'est souvent avec difficulté que les lois constantes finissent par s'imposer, Galilée ou Darwin ont payé pour le savoir. À tel point que depuis 1859, date de la publication par Darwin de *L'Origine des espèces*, toute une partie de l'humanité refuse encore l'histoire naturelle de son origine animale, lui préférant l'histoire théologique de son élection divine, au mépris de toute évidence.

L'Europe, par une conjonction de raisons inextricable, est la partie du monde où se sont accumulées le plus grand nombre de connaissances partageables par toute l'humanité. Et la plupart de ces connaissances puisent leur origine dans la pensée grecque et la pensée juive, ou se réfèrent à des méthodes, des exigences et des aspirations dont on trouve les origines dans ces pensées complémentaires.

Chacune de ces découvertes range dans la raison humaine quelque chose qui nous sauve de la bestialité de nos origines lointaines. Nul être humain n'est étranger à cette entreprise. Son refus d'en être relève de sa responsabilité individuelle. C'est pourquoi s'il est vain d'attendre d'un autre ou de soi-même qu'il sauve le monde, en revanche, c'est le devoir de chacun d'entre nous de sauver l'*humanité*.

CHAPITRE 6

Athènes et Jérusalem

Mon itinéraire culturel n'ayant rien que de très banal, et le partageant avec une grande majorité de Français, j'ai découvert nos origines gréco-latines dès le début de mes études secondaires. Avec la même curiosité qui m'habitait quand je lisais les enquêtes de Sherlock Holmes, je m'émerveillais des étymologies que je découvrais dans mes livres de latin. Avant, j'utilisais une langue dont j'ignorais l'histoire, des mots dont j'ignorais l'aventure et les modifications de forme et de sens. Soudain, je découvrais qu'ils étaient comme des notes de musique qui faisaient vibrer, à travers le temps, de multiples harmoniques, et de stupéfiantes variations de sens. Une de mes premières rencontres fut avec le mot *scrupulus* qui signifie «petit caillou pointu», comme celui qui s'insinue dans la chaussure, et qui, bien que dérisoire, peut vous pourrir la vie. Or, le chemin suivi par ce mot, qui est allé du concret à l'abstrait, du sens de «petit caillou» à celui de «préfiguration d'un remords», cette métaphorisation, c'est un chef-d'œuvre littéraire dont l'auteur est la multitude.

La littérature fut ma compagne fidèle dans la solitude du collège. Beaucoup plus tard, lorsque je partais pour faire des reportages, je mettais toujours dans mes bagages deux ou trois volumes de la Bibliothèque de la Pléiade, qui, grâce à la finesse de son papier bible, permet d'emmener l'équivalent d'une vingtaine de livres sans avoir à traîner une valise supplémentaire. Je me disais qu'en cas d'accident, d'arrestation, de maladie, d'enlèvement, au moins, je ne manquerais pas de l'essentiel : la lecture. Dans les livres, je ne cherchais pas tant à agrandir mes connaissances qu'à me bercer. La littérature, c'était comme la voix de ma mère qui chantait pour que je m'endorme. Comme elle est très tôt sortie de ma vie, les livres ont pris le relais. Malgré tout, les années de lecture s'accumulant, on finit par comprendre des choses. Pourtant, j'ai mis longtemps avant de m'étonner d'une incroyable absence. J'avais lu avec intérêt et naïveté, dans les années soixante-dix, des ouvrages de Georges Dumézil sur nos origines indo-européennes. Se fondant notamment sur la présence de la «trifonctionnalité», c'est-à-dire du moine (l'intelligence), du soldat (la force) et du paysan (la richesse), il remontait le fil de nos origines communes avec des peuples lointains. Son érudition, sa connaissance d'une quantité de langues dont certaines avaient disparu, ses trouvailles d'enquêteur de grammaires et d'étymologies étaient reconnues, bien qu'il fût accusé de corroborer à bas bruit les thèses nazies, ce qui me semble, encore aujourd'hui, manquer de nuance.

Néanmoins, j'ai longtemps pensé qu'il avait ouvert une voie de recherche parmi d'autres. Je me trompais. Il n'était – comme d'ailleurs tout chercheur – que le chaînon d'une longue lignée qui, pour le meilleur et pour le pire, remontait les siècles. En réalité, ce mythe indo-européen est une vieille histoire qui trace toujours la même route migratoire, notamment depuis le XVIIIe siècle. Au XIXe siècle, ces « recherches » nourriront les thèses racistes de Gobineau, qui elles-mêmes fourniront leur argumentaire aux nationalistes, puis aux fascistes et aux nazis. La somme minutieuse – et passionnante – de Jean-Paul Demoule *Où sont passés les Indo-Européens ?* raconte en détail la saga de cette longue mystification.

Cette route migratoire d'un peuple fondateur et d'un berceau linguistique commun passe des hauts plateaux des Indes, au Caucase, à la Grèce, pour gagner le reste de l'Europe. L'un des buts de cet étrange itinéraire, donné pour scientifique, était d'éviter le Moyen-Orient, et particulièrement les origines et l'héritage juifs de l'Europe d'aujourd'hui.

Je me suis tardivement étonné de cette hallucinante « conduite d'évitement », aussi énorme qu'un canular, dans laquelle, au fond, toute une part de notre monde intellectuel a naïvement marché, et marche encore aujourd'hui. Et ce n'est pas sans conséquence. Nos études obligatoires, primaires et secondaires, nos manuels scolaires évoquent ce que l'Europe doit au «miracle grec», mais sont remarquablement discrètes sur l'apport incessant de la culture juive dans la formation de ce qu'il faut bien appeler la civilisation européenne.

La bataille de la séparation des Églises et de l'État a laissé des traces au point de rendre difficile toute discussion sur les racines chrétiennes – c'est-à-dire, aussi, juives – de l'Europe. On peut le comprendre. La mention de ces racines-là dans une Constitution obligerait à nommer aussi les autres, et ce primat donné au christianisme pourrait impliquer que les décisions européennes soient prises en tenant compte de leur fidélité à la morale chrétienne. Cela n'a guère de sens : dans tous les États européens, le pouvoir temporel est séparé du pouvoir spirituel, même si le degré de séparation diffère d'un pays à l'autre.

En l'occurrence, il ne s'agit pas tant de religion que de l'élaboration d'un style de vie et d'un système juridique qui s'inventent à l'intérieur de cultures, d'abord religieuses, puis philosophiques et politiques. Au Moyen Âge et à la Renaissance, c'est dans les sphères d'influence chrétiennes et juives qu'on commente les Grecs et qu'on invente le droit de l'individu. Et même si, au début du IIe millénaire, les Arabes érudits de la péninsule Ibérique ont travaillé sur les textes de l'Antiquité grecque, ils n'ont exercé qu'une influence extérieure, contrairement à celle des érudits chrétiens et marranes qui s'exerçait à l'intérieur de la société.

C'est le chrétien Montaigne, fils d'une marrane – sa mère était une juive portugaise –, qui, en rédigeant ses *Essais*, offre une bible philosophique et littéraire à la pensée européenne, laquelle s'en nourrit encore aujourd'hui. Montaigne est la parfaite illustration de ce qui constitue notre origine culturelle. C'est un bâtard, et l'Europe est le premier territoire du monde où s'est épanoui le génie de la bâtardise. Pourquoi ? Peut-être parce que ce continent était, jusqu'à la fin du XVe siècle et la découverte de l'Amérique, la limite du monde connu, les confins où venaient s'échouer ceux qui cherchaient une autre vie en marchant vers l'ouest. C'est encore le cas aujourd'hui, lorsque l'on voit s'entasser à Calais ceux qui fuient la guerre et la misère. Fuyant aussi le monde musulman, lui préférant notre monde de bâtards adeptes des droits de l'homme, de la Sécurité sociale, des bikinis et du mariage pour tous.

Ce mythe indo-européen n'est ni plus ni moins qu'un mythe négationniste. Et son succès, à certaines époques, a été lourd de conséquences, tout comme sa survivance dans notre mémoire européenne est porteuse de nouvelles catastrophes.

Jérusalem et Athènes, depuis l'Antiquité, n'ont jamais cessé d'enfanter l'Europe, repoussant vers le nord et les landes brumeuses le paganisme, le monde magique et le culte de la race blanche. Moïse et Socrate, la loi juive et la raison grecque, via le christianisme, ont supplanté Odin et Thor, lesquels ont fini par s'endormir dans les lacs gelés des forêts obscures, jusqu'au moment où la tonitruante musique de Wagner est venue les réveiller, au cœur du XIXᵉ siècle. Ce baiser d'opéra qui a réveillé les monstres au bois dormant avait épouvanté Nietzsche et provoqué sa rupture avec le compositeur. Il écrivit à Wagner qu'il était en train de redonner vie à des mythes qui, dans cinquante ans, mettraient l'Europe à feu et à sang. Cinquante ans plus tard, Hitler arrivait au pouvoir. Et les nazis n'ont eu de cesse que de détruire l'Europe, et, en priorité, ceux dont ils savaient qu'ils étaient une partie essentielle de son âme : les juifs.

On peut imaginer qu'à partir de la période hellénistique, c'est-à-dire trois siècles avant notre ère, la ville d'Alexandrie fut un creuset où ne cessèrent de s'accoupler, de se confronter, de s'hybrider les cultures grecque, chrétienne et juive. L'empire égyptien avait depuis longtemps cessé de rayonner et d'innover.

Philon d'Alexandrie est un exemple fondateur. Juif hellénisé, il bénéficie de la citoyenneté romaine. Il est contemporain du Christ, et ses écrits mettent en évidence la complémentarité du judaïsme et du platonisme. Classé parmi les néo-platoniciens, son œuvre sera étudiée par les futurs Pères de l'Église, lesquels avaient parfaitement compris que le christianisme qu'ils étaient en train d'inventer était une fusion du judaïsme et du platonisme. Ce phénomène de fusion de pensées produisit chez Philon d'Alexandrie ce qu'elle ne cessa de *re*produire à travers les siècles chez de nombreux penseurs : l'élaboration d'idées universalistes. Maïmonide, Montaigne, Spinoza, Freud en sont l'illustration.

Alexandrie était la grande ville cosmopolite de la Méditerranée, commerçante et culturelle, et le demeurera jusqu'au début du xxᵉ siècle. C'est paradoxalement l'indépendance de l'Égypte qui marqua son déclin. Mais les régimes qui se sont succédé depuis 1922 au Caire pouvaient-ils supporter ce bouillon de culture qui entrait sans cesse en contradiction, à la fois avec le nationalisme arabe officiel, et le succès populaire des Frères musulmans ? Ces deux courants, soutenus l'un et l'autre, plus ou moins discrètement, par Hitler dans les années trente, ont eu raison de cet éclat d'Europe dont on peut découvrir les derniers feux dans le chef-d'œuvre de Lawrence Durrell, *Le Quatuor d'Alexandrie*.

Ce grand roman choral, composé de quatre voix chantant la même partition, est à la fois le chant du cygne de ce miracle oriental et l'une de ces pierres capitales de la culture de l'Europe. Le peu de cas qu'en fait la critique moderne et l'oubli dont il est frappé sont significatifs de notre indifférence morbide pour ce qui nous constitue.

Mais depuis le plus lointain Moyen Âge, toutes les grandes capitales culturelles de l'Europe, Paris, Bologne, Toulouse, Montpellier, Londres, plus tard, Leipzig, ont été des lieux de commentaires et de confrontations des textes grecs et des textes bibliques.

La scolastique médiévale commentait Aristote à partir des ouvrages juifs et arabes, notamment ceux d'Averroès et de Maïmonide, en vue d'enrichir la pensée chrétienne d'Anselme et d'Augustin, eux-mêmes lecteurs de textes juifs et grecs. C'est à l'intérieur de ce mouvement théologico-politique qui a dominé tout le Moyen Âge que s'est forgée l'armature de la pensée européenne, pour le meilleur lorsque les commentateurs libéraux étaient puissants, comme au XIIIe siècle, pour le pire lorsque les obscurantistes tenaient le pouvoir comme dans les deux siècles qui ont suivi.

Le culte du commentaire, indissociable du judaïsme, et trait dominant de la culture juive, est devenu un trait dominant de notre culture européenne. Sans lui, pas de parlements pour modifier la loi et l'adapter à la réalité présente. Le commentaire, dans le judaïsme, prime sur le texte commenté. Quand la loi sacrée devient inapplicable, elle fait l'objet d'une révision. En quelque sorte, le temporel prime sur le spirituel, pour ce qui concerne l'organisation de la cité. Le commentaire permet au spirituel et au temporel de cohabiter avec le moins de dégâts possible.

Ce merveilleux fonds commun, ce trésor intellectuel a fini par faire émerger, au fil des siècles, non seulement les droits de l'individu, mais des lois dont l'observance n'implique nullement que l'on renonce à la liberté nécessaire pour que chacun puisse s'accomplir selon ses mérites. L'élimination de l'arbitraire, autant qu'il est possible, vise à réduire la peur chronique qui est l'arme d'un pouvoir sans limites. Elle interdit l'exercice d'une liberté qui seule permet de mêler la joie de vivre au tragique d'une existence bordée par deux néants.

Cette culture du commentaire va encore plus loin dans les méandres du génie qui a élaboré la culture européenne. Nulle science, nul chef-d'œuvre de l'art, de l'architecture, de la littérature n'a échappé au commentaire. Notre histoire n'est qu'un long enchaînement de commentaires. Rabelais est un commentaire de tout le savoir de son époque, Victor Hugo est, entre autres, un commentaire de Villon, Proust, un commentaire de Flaubert et de Balzac, Shakespeare, un commentaire de toute la littérature biblique, homérique et historique qui le précède, Picasso, un commentaire de Velasquez, les Twin Towers, un commentaire des tours de San Giminiano, la Bibliothèque de France, un commentaire de la

Bibliothèque d'Alexandrie, Einstein, un commentaire d'Aristarque de Samos, Darwin, un commentaire de Lucrèce, Freud, un commentaire des hommes et des femmes des Lumières, eux-mêmes commentaires de Spinoza et des penseurs radicaux du XVIIᵉ siècle... La liste est inépuisable et tant qu'elle s'allonge, nous sommes en vie.

Cette miraculeuse édification d'une patrie de tous les citoyens aspirant à l'État de droit ne peut s'imaginer sans Moïse, sans Homère, sans Abraham, sans Platon, sans le temple de Salomon et sans l'Acropole. Or, l'Europe est en train de perdre la mémoire. L'inculture de nos élites, à quoi s'ajoute leur conduite d'évitement de l'apport juif, les fait renier, comme Pierre au chant du coq, le premier de leurs devoirs : entretenir et faire prospérer leur héritage rare et précieux.

C'est ainsi que l'on voit apparaître cette étrangeté sur le marché de la pensée moderne : l'intellectuel illettré. Au lieu de pratiquer et de susciter l'amour de la raison et de la spéculation contradictoire, ils font croire à leurs disciples que l'histoire commence avec eux, ce qui évite d'avoir à transmettre la passion de l'étude. Faute d'être des dispensateurs de savoir, ils se sont érigés en arbitres du bien et du mal, au nom d'une morale qui ne se discute pas. Ils ne sont pas moins dangereux que les prêcheurs de haine qui font basculer les esprits confus dans le terrorisme : ils produisent des esprits confus.

Dans cette confusion, un nouvel antisémitisme a trouvé un écho en Europe dans le milieu médiatico-intellectuel, qui, pour conjurer sa peur et renouveler sa clientèle, a décrété que les musulmans étaient les nouveaux damnés de la terre, et les islamistes l'avant-garde éclairée – et antisémite – de ce nouveau prolétariat.

L'alibi social, qu'ils brandissent comme une marionnette de Guignol pour expliquer les actes des terroristes, ôte à ces derniers toute responsabilité. Mais ils vont plus loin : ils accusent les victimes, c'est-à-dire le monde judéo-grec, d'être les vrais coupables, ce monde qui, précisément, en tenant l'individu pleinement responsable de ses actes, lui reconnaît du même coup sa pleine liberté.

En cherchant des alibis aux terroristes, en draguant la boue de leur inculture, ils ne visent qu'à ôter aux musulmans leur dignité d'individus libres. Sous prétexte d'antiracisme, il s'agit du pire des racismes. Que ces doctrines aberrantes aient séduit une large partie des gauches au sein des démocraties modernes est un signal d'alerte que nous n'avons plus le droit de négliger. Pourquoi ?

Parce qu'on commence tout juste à compter les morts qui en sont la conséquence.

CHAPITRE 7

Les lumières secrètes des marranes

Il y a des moments décisifs dans notre histoire. Certains sont très célèbres : la bataille d'Alésia, la chute de l'Empire romain, le baptême de Clovis, Azincourt, la Révolution française, Waterloo, etc. Ils jalonnent notre histoire officielle et nourrissent nos mythologies. D'autres faits sont obscurs, et pourtant, ils ne sont pas moins décisifs. J.L.Borges, dans un de ses ultimes poèmes, évoque l'un d'eux :

« Deux Grecs parlent entre eux : Socrate peut-être, et Parménide. (...) Ils ne cherchent ni à persuader ni à être persuadés. (...) Affranchis du mythe et de la métaphore, ils pensent ou essaient de penser. (...) Cette conversation entre deux inconnus quelque part en Grèce est le fait capital de notre histoire. (...) Ils ont oublié la prière et la magie [1]. »

---

1. J.L. Borges, *Atlas*, in *Œuvres complètes*, Bibliothèque de la Pléiade, 2010, t. 2, p. 879.

Parmi les autres faits capitaux, mais obscurs et anonymes, il y a sans doute quelques familles juives de lettrés et de commerçants, qui, pour fuir les persécutions romaines des deux premiers siècles en Palestine, s'installèrent quelque part dans la péninsule Ibérique. Ils y trouvèrent des colonies juives déjà implantées avant notre ère, arrivées avec les Phéniciens. Lorsque les Wisigoths envahirent l'Espagne et voulurent y imposer leur christianisme mêlé de paganisme nordique, obéissant à la doctrine de saint Paul, ils persécutèrent les juifs. Puis, par l'Afrique du Nord arrivèrent les musulmans, qui renversèrent le pouvoir wisigoth. Comme tous les peuples d'Europe, la population ibérique est le produit de différentes invasions ou, dans le meilleur des cas, d'installations de commerçants, en l'occurrence, grecs, romains, phéniciens, celtes, juifs, wisigoths, et arabes. Mais c'est la longue histoire de l'occupation arabe et de la *Reconquista*, du califat de Cordoue et du règne d'Isabelle et de Ferdinand, qu'il nous faut survoler. Avant toute chose, rendons à César ce qui lui appartient. Pour nourrir et argumenter « le fait capital de notre histoire » que je veux évoquer dans ce chapitre, je me suis référé à l'ouvrage lumineux et érudit du philosophe Yirmiyahu Yovel, *L'Aventure marrane*.

Les marranes, appelé aussi *conversos*, sont des juifs convertis au christianisme ou, pendant l'occupation arabe, à l'islam. Il serait plus juste de dire : plus ou moins convertis. Pour deux raisons. La première tient au fait des origines communes aux trois religions ; la seconde, à la nostalgie qui incite à garder, plus ou moins secrètement, des coutumes, des rites et des fêtes de la religion ancienne. Les marranes étaient des chrétiens bâtards et, même lorsque leur conversion était pleine et sincère, le regard que posait sur eux le pouvoir chrétien les percevait comme des bâtards. Paradoxalement, il arrivait que Rome les protégeât du pouvoir espagnol : le baptême est un dogme fondamental du christianisme, et il fait de tout nouveau baptisé un chrétien de plein droit. Leur situation, toujours instable, a connu des fortunes diverses, au gré des pouvoirs qui se succédaient. Au cours de leur saga, ils ne cessèrent d'abord d'islamiser, puis de christianiser leurs noms.

Vers les Xe et XIe siècles, le califat de Cordoue était tellement puissant qu'il faisait de l'ombre à la fois au pouvoir de Rome et à celui du califat de Bagdad. On le remarque à toutes les époques et sous toutes les cultures : cette puissance était le produit d'une période d'ouverture et de tolérance. Notamment celle du règne d'Abd al-Rahman III. On vit alors des choses qu'on ne pourrait imaginer aujourd'hui. Le grand vizir de Grenade était un juif converti, qui avait changé son nom de Samuel Ha-Nagid en celui d'Ibn Nagrela. C'était un érudit, il écrivait des poèmes, rédigeait des grammaires et des ouvrages philosophiques. Il s'attaqua à une sévère critique du Coran. Il y pointait les incohérences, les contradictions, les impasses miraculeuses, les faiblesses métaphysiques et philosophiques. Serait-il possible, dans l'Europe d'aujourd'hui, où l'on s'interdit de monter le *Mahomet* de Voltaire [1], qu'un intellectuel de renom et qui plus est, acteur politique, propose un tel ouvrage à un éditeur ? À l'époque, pourtant, la réaction ne fut qu'un autre ouvrage du lettré arabe Ibn Hazm, dans lequel il se livra à son tour à une critique similaire de la Bible.

Les marranes vivaient en équilibre entre deux traditions, entre deux théologies, entre deux statuts. Leur nouvelle communauté chrétienne les regardait avec suspicion et leur famille d'origine les considérait comme des apostats. Le pouvoir espagnol, guindé dans un christianisme rigoureux, plus papiste que le pape, était soucieux de flatter une population superstitieuse, antisémite et rétrograde. Quant aux nobles, aux hidalgos, ils vivaient dans des coutumes figées. Convaincus que leur valeur tenait à leurs origines pures, ils étaient incapables de mettre en œuvre l'administration nécessaire au commerce et à la justice, indifférents aux sciences et au progrès. Arborer leur panache était un travail à plein temps. Et comme il fallait bien administrer le pays, le pouvoir faisait appel à ceux qui, à la

---

1. Le titre exact est *Le Fanatisme ou Mahomet le prophète*, Fayard/Mille et Une Nuits, 2006.

fois, avaient des capacités d'administrateurs, des contacts avec l'étranger et ne rechignaient pas au travail. Les marranes fournirent ainsi à l'Espagne nombre de juges, de théologiens, de conseillers, de comptables, de professeurs, de poètes et d'administrateurs. Il s'ensuivit l'émergence d'une sorte d'aristocratie marrane, dont le rôle public contribua à la prospérité de l'Espagne. Mais ils eurent un rôle plus discret, dont les conséquences furent sans doute décisives pour l'élaboration de la culture européenne moderne. Secrètement déçus par la religion qu'ils avaient quittée autant que par celle à laquelle ils s'étaient convertis, confrontés à la stupidité de la doctrine de la «pureté du sang» élaborée par démagogie et contre l'avis de Rome par la royauté espagnole, ils se désintéressèrent complètement de la question religieuse. Certes, ils accomplissaient les rites obligatoires, mais ils développèrent une philosophie selon laquelle il n'y a que la vie, la mort, et rien au-delà. En conséquence, le seul but de l'existence était de réussir sa vie, comme le formulera Montaigne à la fin du XVIᵉ siècle. Pour beaucoup d'entre eux, plus aucun système métaphysique ne pouvait égaler la raison ou primer sur elle. L'origine des individus leur était indifférente, noble, roturier ou bâtard, riche ou pauvre, seul le mérite décidait de la valeur de la personne. Chose tout à fait extraordinaire pour l'époque, soit ils étaient athées, soit ils vivaient comme s'il n'existait aucune interaction possible entre l'humanité et la divinité, ce qui revient presque au même. Malgré les précautions qu'ils prenaient pour dissimuler ces étranges convictions, elles leur valurent de nombreuses persécutions. Ils étaient accusés d'être des cyniques uniquement préoccupés par l'argent.

Au XVe siècle on voit donc pour la première fois des «judéo-chrétiens» – ici, le terme est vraiment approprié – qui se vivent, à l'intérieur d'un système de pensée élaboré par eux, comme ayant une identité multiple. Ce sont les premiers pas d'une *bâtardise revendiquée*, et susceptible d'accéder à une excellence qui n'a rien à envier aux «races pures».

Les inquisiteurs eurent un rôle paradoxal. Au lieu de les affaiblir et de les éliminer, ils les contraignirent à cultiver deux pratiques qui engendreront deux puissants courants de la modernité en général, et ce bouleversement de civilisation qu'on appelle la Renaissance.

Dans ces temps-là, les coutumes, les pratiques religieuses, les discours et les rituels étaient forcément ostentatoires. C'est cette ostentation des signes religieux qu'aujourd'hui encore on essaie de contenir dans les écoles de la République. Ceux qui n'exhibaient pas les preuves de leur piété et de leur fidélité aux coutumes étaient soupçonnés d'impiété, ou pis, d'éréthisme. Tout ce qui relevait de la spiritualité passait par un comportement qui s'adressait aux autres, à la communauté de foi et d'origine.

La première des pratiques que cultivèrent les marranes contraints à dissimuler leurs convictions, ainsi que ce qui restait de leurs pratiques judaïsantes, fut, au contraire, de privilégier la vie intérieure et la connaissance de soi. Il s'agissait là d'une sorte de retour à la sagesse antique, au « connais-toi toi-même » gravé sur le temple d'Apollon. Trouver au fond de soi le meilleur pour parler aux autres, et tenter d'éveiller chez les autres le meilleur d'eux-mêmes pour établir un dialogue à partir de cette excellence, est la base d'un projet politique inédit, un rêve socratique qui finira par se concrétiser tant bien que mal. Cela impliquait que l'on considérât l'autre comme responsable et adhérant à cette morale par décision personnelle. La morale n'est plus dictée par une loi divine ou par des décrets royaux imposés par la force et la peur, mais elle découle d'un travail d'analyse intérieure, d'une logique personnelle. C'est une inversion révolutionnaire des valeurs. La loi ne trouve plus son origine à l'extérieur de l'individu, elle ne s'impose plus à lui sans qu'il ait rien à en dire, elle prend sa source librement à l'intérieur de sa réflexion, de ses connaissances, de sa logique. Le législateur est supplanté par le législateur secret qu'est chaque individu pensant et réfléchissant à sa condition et aux possibilités d'accomplissement que lui offre le monde. C'est le remplacement d'une obéissance aveugle par une créativité libérée par la connaissance de soi, l'exploration intérieure, et l'acquisition de connaissances. Il s'agit bien là du signe de l'accélération de la longue agonie de la féodalité, et d'une transition vers un grand et puissant désir démocratique, avec tout ce que cela comporte de mutations dans l'éducation, le partage des savoirs, et l'attribution du pouvoir à l'expertise plutôt qu'à la lignée. Là encore, on observe la bouleversante chimie qui s'opère entre la pensée juive et la pensée des philosophes de la Grèce antique.

Les marranes, exilés de leur terre d'origine, exilés du christianisme, exilés du judaïsme, menacés d'exil par l'Espagne, ont puissamment développé une philosophie de la conscience de soi et de la responsabilité. Au lieu de se considérer comme des « victimes humiliées », ils ont contribué à l'invention d'un sujet moderne pour lequel la vie intérieure représente une richesse et une source de créativité inaliénable. Au lieu de se réfugier dans la communauté religieuse, grâce à l'effort de réflexion, ils ont surmonté le complexe de persécution pour produire une nouvelle façon de voir les choses : une distance critique face aux idéologies religieuses capables d'engendrer de la barbarie au nom du « bien ». Les questions épineuses comme manger du porc, travailler pendant le shabbat, suivre certains rituels ostentatoires furent passées au crible de la raison, et réévaluées en fonction du rapport des forces en présence. Ils pensèrent que certaines fidélités secrètes, nostalgies de vieilles coutumes familiales, ne valaient pas que l'on risque la torture et la mort de la famille et des amis. La valeur morale des actes fut jugée en fonction de ce qu'ils apportaient à soi-même, à l'entourage, au pays d'accueil. Et cette morale était plus précieuse que l'observance de rituels, que beaucoup d'entre eux finirent par considérer comme de vaines superstitions.

Cette attitude intellectuelle, pratiquée par une partie non négligeable de la population, vint s'ajouter au succès de l'érasmisme et marqua tous les grands penseurs de la Renaissance.

La seconde pratique à laquelle la répression contraignit les marranes n'est pas moins décisive. Vivant sous le règne du soupçon, il leur fallait faire preuve de la plus grande prudence dans leurs propos et leurs écrits. C'est ainsi que sous la pression du danger, ils adoptèrent des manières de s'exprimer fondées sur le double langage, l'humour, l'ironie, l'allusion, la métaphore, la parabole… Cette langue riche, à sens multiples, amoureuse de liberté, jouisseuse de transgressions, c'est celle de la littérature picaresque, et c'est celle que Shakespeare et Cervantès élèveront jusqu'aux sommets de la littérature. Lorsqu'on lit attentivement Montaigne, on se demande comment, en pleines guerres de Religion, il a pu obtenir l'autorisation d'imprimer un texte aussi sulfureux. C'est sans nul doute grâce à son art de mêler des contraires, d'user de l'humour, de la dérision, de dire avec gravité des frivolités et en blaguant des réflexions capitales, de promener le censeur sur des chemins escarpés mais séduisants, de lui faire frôler des vertiges en le rattrapant au dernier moment par le col, qu'il a réussi à arracher l'«imprimatur» aux autorités religieuses de l'époque. Et cet art si singulier, si européen, à la fois si savant et si plein de charme, est typique de la culture des marranes, dont il était secrètement.

Dans les registres de l'Inquisition, l'accusation qui revient sans cesse et qui justifie la condamnation du prévenu tient en une phrase : «Pour l'accusé, il n'y a rien d'autre en ce monde que la vie et la mort.»

S'il y a bel et bien un groupe humain qui pratique un athéisme secret et pacifique, qui refuse de se laisser encombrer par une mystique fumeuse et autoritaire, c'est celui des marranes. Ils font partie, dès le xve siècle, de ceux qui dispersent à travers l'Europe les atomes de ce qui fera la grande et libre pensée européenne, mère des Lumières.

Le 27 septembre 1480, Isabelle la Catholique et Ferdinand lancèrent l'Inquisition. Ce système judiciaire, qui a pour projet de sauver l'âme d'autrui contre son gré et d'exercer le pouvoir par la terreur, enferma l'Espagne dans l'immobilisme jusqu'au xviiie siècle. On peut alors se poser quelques questions. À qui devons-nous rendre grâce ? De qui sommes-nous les enfants ?

De la munificence d'Isabelle, de Ferdinand, des monarques aragonais et castillans ? Ou bien de l'intelligence, de la créativité, de l'industrie, de la culture des juifs et des marranes d'Espagne et du Portugal ? Quelle mémoire est-il urgent de transmettre ? Celle de Torquemada et des inquisiteurs, ou bien celle de leurs victimes qui, loin de n'être que des victimes, fondèrent une forme de résistance à la barbarie religieuse qui préfigure la laïcité moderne ?

Il serait peut-être temps d'interroger nos manuels d'histoire et de se réapproprier notre véritable origine, de la comprendre et de continuer à la faire fructifier. Ce silence sur l'origine de nos libertés, qui est un *silence antisémite*, nous coûte cher. Il sape les fondements de notre civilisation qui est si fragile, parce qu'elle seule repose sur le travail que chaque citoyen accepte de faire sur lui-même. Elle est la seule qui lui donne sa dignité humaine.

Là encore, l'Inquisition a eu un effet paradoxal sur cette population. Face à sa censure féroce, les juifs et les marranes judaïsants sauvèrent la liberté d'expression en enrichissant la langue et la littérature de figures de style visant à déjouer la bêtise des inquisiteurs, et ce faisant, elle incitait ceux qu'ils traquaient à aller toujours plus loin dans une philosophie de la rationalité. Dans ces temps violents, comme l'écrivait le philosophe marrane de la Renaissance Juan Luis Vives, « on ne pouvait ni parler ni se taire ». Il fallait inventer à la fois une autre pensée et un autre langage. Ils cultivèrent un désintérêt profond pour les qualités liées à l'origine.

Il est significatif de notre démocratie en crise que « bâtard » soit l'insulte revenue à la mode d'abord dans les banlieues avant de gagner, « au second degré », le reste de la société. Par cet emploi du mot « bâtard » comme injure, ce n'est pas Isabelle la Catholique et Ferdinand que nous insultons en remontant notre généalogie. Ce ne sont pas les criminels que nous stigmatisons. Ce sont au contraire les marranes dont l'héroïsme intellectuel a fini par vaincre la barbarie de la religion et de la loi du sang pur.

Les marranes étaient une nation sans terre. Leur nation, c'était leur foi secrètement partagée dans la liberté de conscience et la tolérance. Ils avaient cinq siècles d'avance, ils l'ont payé cher. Aujourd'hui encore, ceux qui partagent cette foi continuent de payer, par un invraisemblable retour de la terreur islamiste. Ce sont en partie les marranes, qui, chassés d'Espagne et du Portugal, firent la prospérité d'Amsterdam. Leur philosophie libérale a permis une prospérité commerciale, littéraire, philosophique, qui a fait de cette ville libérée du joug espagnol le phare de l'Europe. C'est là qu'imprimaient Descartes et les autres penseurs de la modernité. C'est dans cette Hollande de Rembrandt et de Vermeer de Delft que Spinoza, quelques années après Montaigne, pose les bases de la laïcité, de la liberté de conscience et de la démocratie européenne. C'est dans cette poignée d'années où la pensée marrane brille en Europe de l'Ouest que Shakespeare, inspiré par ce souffle de liberté intellectuelle et par cette lutte du langage contre la rigueur des lois, produit une œuvre théâtrale qui engendra toute la littérature anglo-saxonne. C'est à la même époque que Cervantès crée, avec *Don Quichotte*, un mythe littéraire qui traversa les siècles et connut les infinies variations dans lesquelles le Chevalier au Miroir ne cessa de tendre au monde son reflet.

Ces penseurs, ces poètes, ces artistes conçoivent les libertés individuelles, la liberté de création artistique, la liberté de la recherche scientifique, et les principes de droit sur lesquels travailleront les philosophes et les artistes des XVIIIe et XIXe siècles.

La grande invention fut la sanctuarisation de la vie privée et de la vie personnelle où ni l'autorité de l'État, ni l'autorité religieuse, ni les voisins n'ont le droit de mettre leur nez. Il en découle une liberté de choix de vie et une liberté d'entreprendre où la prospérité de la nation a tout à gagner. Qu'importe d'où l'on vient, tout le théâtre de Molière le dit : l'honneur d'une personne tient à sa personnalité, à son caractère, à ses actes, bref, à son mérite personnel. Mais il fallait être prudent et rendre hommage au roi. Son double langage, c'est son génie. C'est dire si, à travers les siècles, cette élaboration de la valeur individuelle a été dangereuse et combien elle requit d'ingéniosité. Hamlet, bâtardisé par le second mariage de sa mère avec son oncle, en fait une démonstration. Tout son texte vise au double sens. Précisément parce que la question est radicale : il s'agit d'être ou de ne pas être. Question immédiatement redoublée et formulée autrement : « Qu'est-ce qui est plus noble pour l'âme : subir la fronde et les flèches des événements humiliants ou bien s'armer contre une mer de douleur et l'arrêter en se révoltant ? »

Le choix des marranes, ces individus persécutés qui traversent tout le Moyen Âge, la Renaissance et les Temps modernes, c'est d'« être », et, avec les moyens de la raison et de la créativité, le courage, l'entêtement, la patience, en accordant à tous la liberté qu'ils s'accordent à eux-mêmes, refuser de ne « pas être ». C'est l'écho lointain roulant à travers les siècles, relayé et enrichi par les juifs, l'affirmation du Grec Parménide : « Ce qui est, est. Ce qui n'est pas, n'est pas. »

CHAPITRE 8

Je ne pense pas, donc je suis

Alcibiade est un beau garçon, il est intelligent et courtisé par de nombreux amants. Il s'est mis en tête d'aller sur l'agora et de parler devant l'assemblée du peuple. Il veut convaincre celui-ci qu'il vaut mieux que Périclès, afin de prendre le pouvoir à Athènes. Socrate aussi est amoureux d'Alcibiade. Mais il attend que les amants soient dispersés pour lui démontrer que lui seul l'aime vraiment. La différence entre l'amour des amants vulgaires et celui de Socrate ? Il ne cherche pas tant à coucher avec lui qu'à instaurer un dialogue « d'âme à âme ». L'histoire peut paraître frivole. En réalité, l'enjeu est fondamental. De ce dialogue « d'âme à âme », naît une *idée*. Platon, qui fait parler Socrate, est, en quelque sorte, l'inventeur des *idées*. Selon lui, notre monde imparfait ne peut se réformer qu'en prenant modèle sur les « idées », les « archétypes » parfaits. Philosophe de l'idéalisme, qu'il ait raison ou tort sur tel ou tel sujet n'est pas très important : c'est un écrivain et un penseur de génie qui élabore une manière de dire le monde dont s'inspireront, avec ou contre lui, tous les philosophes qui suivront. Et lorsqu'il fait parler son maître, Socrate, pour peu que l'on aime la rigueur, l'humour, et la lucidité foudroyante, on a tout intérêt à tendre l'oreille. Ceux qui pensent que cette histoire vieille de deux mille six cents ans ne les concerne pas sont aussi fous que s'ils croyaient que leur langue maternelle n'a commencé à exister que le jour où ils ont commencé à la parler.

Donc Alcibiade veut prendre le pouvoir à Athènes. Comment s'exprime l'amour de Socrate pour Alcibiade? En instaurant avec lui un dialogue où il ne tient pas le rôle d'un maître à penser, mais d'un médiateur entre Alcibiade et le dieu. Quel dieu? Un « daïmon », le dieu personnel de Socrate. Ce n'est qu'en voyant la meilleure part de lui-même se refléter dans le « daïmon » qu'il trouvera ou ne trouvera pas en lui la qualité qui le distingue des autres, qualité qui permet d'établir la concorde parmi les hommes et de connaître le juste et l'injuste. Le savoir du timonier consiste à bien naviguer, celui du cordonnier à faire des bonnes sandales, mais celui qui gouverne, quelle est la nature de son savoir?

Une longue série de questions conduisent Alcibiade à ne plus savoir où il en est. Le dialogue ressemble à s'y méprendre à cette histoire juive où l'un demande à l'autre : « Pourquoi réponds-tu toujours à mes questions par une autre question ? » Et l'autre répond : « Et pourquoi je ne répondrais pas à tes questions par une autre question ? » On peut résumer grossièrement le dialogue en disant qu'avant de connaître les besoins de la foule, il faut commencer par connaître ses propres besoins.

Quant au peuple, Platon, par la voix de Socrate, l'appelle le « gros animal ». Un monstre, qui ne connaît ni la vertu ni la raison. Alors, comment lui parler ?

Une fois engagé dans la connaissance de soi, qui permet d'approfondir toute connaissance, en parlant au peuple, on doit être le médiateur entre lui et le « daïmon », pour que chaque individu qui compose la foule puisse voir la meilleure part de lui-même se refléter dans le dieu. Pour Socrate, la foule n'existe pas comme être pensant. Seul compte chaque individu qui se sent élevé par un discours qui s'adresse à lui. Je suis conscient qu'en résumant ainsi, je commets un crime contre la merveilleuse subtilité de ce dialogue, lequel dit deux choses qui expliquent la condamnation à mort de Socrate.

Le dieu dont ce dernier parle à Alcibiade est inconnu de la cité, et c'est un crime d'hérésie. Par ailleurs, ce dieu singulier peut refléter toutes les perfections, et les perfections de tous. Dans cette Grèce panthéiste, où chaque dieu a une spécialité, c'est une nouveauté. Le mystérieux « daïmon » de

Socrate dans ce dialogue, ce dieu en quoi se reflète ce qui fédère la diversité humaine, a quelque ressemblance avec un dieu de religion monothéiste. Dans *La République*, Platon veut interdire aux poètes d'évoquer les faiblesses humaines des dieux. Il exige que l'on exalte exclusivement *la perfection* de la divinité. C'est en rupture avec la conception polythéiste des dieux reflétant les tares humaines, au profit d'un dieu monothéiste pourvu de toutes les perfections. C'est un dieu politique. En lui, celui qui prétend au gouvernement voit, ou ne voit pas, la vertu nécessaire à l'exercice de l'autorité, vertu qu'il ne perçoit que s'il la possède au fond de lui. Il est probable que cette vertu, qui permet de discerner le juste de l'injuste, s'exprime dans un premier commandement, un socle sur lequel s'appuieront toutes les autres lois, et qui peut se résumer par le commandement biblique : tu ne tueras pas.

La seconde chose que dit Socrate et qui scelle sa condamnation est encore plus évidente. En dédaignant de parler au « gros animal », c'est-à-dire au peuple, mais en s'adressant à l'âme de chaque individu, il discrédite la légitimité de la voix du peuple dans la conduite des affaires.

Or la démocratie athénienne était ce qu'on appellerait aujourd'hui une démocratie directe. Socrate ne croit pas une seconde que la foule en tant que telle ait la vertu nécessaire pour établir la concorde et la prospérité. Le peuple doit, en quelque sorte, désigner des médiateurs parmi les plus compétents pour administrer les affaires publiques. Le crime capital que commet Socrate, pour le dire dans la langue d'aujourd'hui, c'est de ridiculiser la démocratie directe pour instaurer une démocratie représentative, seule susceptible de garantir la *philia*, l'amitié, sur laquelle se fondent la concorde et la prospérité.

Et lorsque les juges proposent à Socrate de le gracier s'il accepte de dire autre chose, Socrate répond que c'est impossible. Il *est* ce qu'il pense, il sait qu'il pense une chose juste, il est donc dans l'impossibilité de dire autre chose. Comme on n'aurait pas pu faire dire à Descartes : « Je ne pense pas, donc je suis. » Et pourtant cette absurdité a bien du succès aujourd'hui. Il semble qu'une grande partie du monde médiatico-intellectuel en ait fait sa devise...

Imaginons une seconde Socrate à « Nuit Debout ». Il aurait dû boire la ciguë une deuxième fois. Évidemment Socrate lui-même serait sans doute un peu étonné de lire qu'il était pour la démocratie représentative. En son temps, la démocratie était directe ou n'était pas. Il faudra attendre le travail des siècles pour lier dans un même concept démocratique le pouvoir, les experts et la volonté populaire. Dans l'Antiquité, l'expertise selon Platon – qui fait parler Socrate – était liée à la naissance et à la condition sociale. C'était une aristocratie. Si l'idée que l'individu de basse extraction peut valoir autant ou plus qu'un noble est très ancienne, la *traduction politique* de cette idée, selon laquelle l'excellence et le talent ne sont liés ni à la condition ni à l'origine, est récente. C'est au siècle des Lumières que s'élaborera un système politique où l'on pariera sur l'éducation (Condorcet) pour rendre effective l'égalité des chances. Et c'est aux XVIIᵉ et XVIIIᵉ siècles que s'ébauchent les institutions d'une démocratie représentative.

Mais retenons ce qui nous importe pour ce chapitre : le désir d'administrer doit être précédé par une exploration de la vie intérieure afin de savoir s'il existe en soi la source d'un discours qui « élèvera l'âme » de ceux auxquels on s'adresse, pour qu'ils partagent le sens du juste, de l'injuste et le désir de concorde. Cette exploration ne peut se faire qu'à l'occasion du dialogue avec un médiateur, Socrate, un tiers entre soi et l'idée juste, où, pour reprendre la langue de Socrate, celui qui insuffle la conviction de l'idée juste, le « daïmon ».

Pourquoi commencer un chapitre sur le monde numérique par une histoire qui se passe cinq siècles avant notre ère sur l'agora d'Athènes ? Parce que ce dialogue n'a jamais été aussi actuel, alors même que la démocratie représentative, c'est-à-dire l'État de droit, a fini par s'installer sur de larges territoires, notamment en Europe et en Amérique, et qu'elle est en train d'oublier sur quoi elle repose. Jamais nos libertés n'ont été aussi menacées, de l'intérieur par notre ignorance et de l'extérieur par la barbarie terroriste.

La découverte et l'exploitation sans condition du Big Data sont précisément le produit de cette ignorance des origines intellectuelles de nos libertés. Pour mémoire, Internet, par sa traçabilité et les possibilités qu'il offre de ranger, de rapprocher et de stocker les informations, permet l'existence d'une immense banque de données universelle concernant tous les individus sur tous les sujets. On appelle ça le Big Data. L'humanité a connu la ruée des barbares vers les civilisations prospères, la ruée vers l'or, la ruée vers le pétrole et nous vivons aujourd'hui la ruée vers le Big Data.

Dans les années quatre-vingt-dix, alors qu'Internet se popularisait à grande vitesse, le président d'Universal, Jean-Marie Messier, a été l'un des premiers sur la ligne de départ. À l'époque, un différend nous a amenés à nous rencontrer plusieurs fois. Le premier rendez-vous était dans son bureau, pour un petit-déjeuner. La conversation a duré trois heures et j'y ai découvert un Messier machiavélien, mais pas machiavélique. Stratège et passionné, mais plus naïf que pervers. Je relate cette première conversation dans mon livre *C'était Charlie*. Nous n'avons parlé que d'Internet. Conscient de la bombe civilisationnelle que représentait ce réseau avec ses potentialités, il était convaincu qu'il fallait le réglementer. Mais il avait déjà compris ce que mettent en pratique aujourd'hui Google, Apple, Facebook et Amazon – le fameux GAFA : le développement autonome et supranational de cet outil de pouvoir néo-totalitaire au sens propre, puisqu'il agit sur la totalité des activités humaines, depuis la sexualité jusqu'à la production et l'utilisation des richesses planétaires. Messier pensait que les législateurs nationaux des États de droit étaient beaucoup trop lents et en retard sur les incessantes évolutions du réseau pour prétendre avoir la compétence de légiférer. Il en concluait qu'il fallait laisser les élites du numérique administrer le monde numérique. Il s'ensuivit un dialogue – toute proportion gardée ! – sur le modèle de celui de Socrate et d'Alcibiade. Je tentai de lui faire exprimer ce qui, au fond le lui, le rendait compétent pour administrer ce monde. Je lui posai aussi la question plus technique de savoir d'où il tenait sa légitimité. Aucun suffrage universel, ni aucun vote émanant d'une quelconque procédure populaire. Il s'agissait, en fait, de recréer une aristocratie triée par le critère de la réussite financière, seul facteur légitimant un pouvoir pour le moins exorbitant. Si le rêve de Messier s'est brisé, c'est pour d'autres causes. Comme aucune bonne raison n'a été exprimée pour faire obstacle à cette utopie numérique, d'autres ont pu sereinement prendre le relais et asseoir leur puissance indiscutée, telle qu'on la constate et la subit aujourd'hui.

Ce qui est étrange, c'est qu'à l'époque, alors que je m'inquiétais du développement sans contrôle des écrans, je me faisais insulter par les milieux gauchistes, pourtant violemment antilibéraux. Avec le numérique, tout est à l'envers. Je passais pour un traître libéral aux yeux des antilibéraux qui me traitaient de censeur parce que je plaidais pour une régulation de l'univers numérique. J'avais rencontré la ministre de l'Éducation nationale de l'époque, qui pensait que les ordinateurs régleraient le problème du retard scolaire, et je lui avais fait remarquer que jamais un ordinateur ne remplacerait la présence humaine du professeur, et que jamais il n'accomplirait l'essentiel, c'est-à-dire le dialogue d'« âme à âme » socratique. J'ai senti que je l'ennuyais et qu'elle se demandait ce que venaient faire mes arguments antiques dans sa science-fiction. C'est dire la confusion qui régnait, et qui règne encore pour tout ce qui touche au petit joujou qui donne à n'importe qui la sensation qu'il a un message à délivrer au monde entier.

Alcibiade, au moins, avait été élevé dans l'entourage de Périclès pour apprendre l'administration de la Cité et pourtant c'était insuffisant aux yeux de Socrate. On a vu, lors du référendum sur le Brexit, des choses inconcevables il y a cinquante ans. Les leaders pro-Brexit ont menti, notamment sur deux points. Les propos de Martin Schultz, le président du Parlement européen, selon lesquels en Europe, le peuple ne doit pas avoir droit à la parole, ont embrasé l'opinion anglaise. *Après* le scrutin, on a découvert que Schultz n'avait jamais tenu ces propos. Au lieu de parler d'un mensonge, ce qui, en démocratie, est rédhibitoire, on s'est contenté de dire, en langage numérique, qu'il s'agissait d'un «fake», chose banale et fréquente dans l'univers 2.0, et sans grande conséquence.

Le deuxième point concernait les 350 millions de livres que l'Angleterre devait verser à l'Europe et qui, à la place, serviraient à l'assurance sociale si le Brexit l'emportait. Cet argument a été affiché sur les flancs des bus et martelé dans les discours. Au lendemain de leur victoire, tant Boris Johnson que Nigel Farage ont avoué que c'était faux. Par ailleurs, ils ont refusé de diriger un gouvernement chargé de gérer le chaos qu'ils ont provoqué, ce qui est quand même la honte ultime en politique. Toute cette séquence témoigne de la fragilisation démocratique du Royaume-Uni, pourtant un des grands modèles historiques de l'État de droit moderne. Par ailleurs, la vraie question à laquelle le peuple a répondu n'était pas celle du Brexit, mais de l'immigration. Et l'immigration, dont l'Angleterre du Commonwealth a fait sa prospérité, n'est devenue un problème qu'avec les conséquences de la radicalisation de l'islam. C'est un des facteurs majeurs de l'intensification du flux migratoire, d'une part, et, d'autre part, les populations des pays d'accueil ne peuvent s'empêcher de lier la question à celle du terrorisme. Mais de cela, on a très peu parlé. Le babil numérique l'a emporté sur le traitement politique des questions politiques.

Aujourd'hui, Churchill, modèle d'homme d'État du XXe siècle, serait ridicule en promettant sang et larmes, mais aussi une victoire sur la barbarie. Il a tenu un discours qui élevait le peuple en réveillant son amour de la liberté et sa fierté démocratique. On aurait peut-être dû lui édifier moins de statues et inciter davantage à étudier ses Mémoires pour continuer à faire vivre les idées et la conviction qui en ont fait le véritable vainqueur du nazisme : il a été le premier à exprimer sa détermination politique de l'exterminer, et il l'a combattu jusqu'à son effondrement. Mais l'oubli semble avoir touché même l'Angleterre, et la génération qui vivait sous Churchill disparaît pour faire place à la génération qui vit sous Twitter. Aujourd'hui, les commérages et les mensonges font les élections démocratiques, et l'on a tort de croire que ça peut durer longtemps.

Une démocratie ne peut fonctionner qu'à deux conditions :

– que les citoyens, dans leur ensemble, soient informés de façon pluraliste ;

– que la plus grande part possible de la population ait la culture suffisante pour comprendre, historiquement et techniquement, sur quoi sont assises les institutions qui établissent les devoirs et garantissent les droits et les libertés.

La première condition n'est plus remplie. Les lecteurs de journaux sont devenus une infime minorité, et la plupart des rédactions sont minées par la maladie du moralisme. Le moindre journaliste aujourd'hui se sent investi du devoir de dire les choses ou de ne pas les dire en fonction de l'idée qu'il se fait de la morale, et qui plus est, de la morale qu'il croit la plus répandue. En revanche, les faits que rapportent les journalistes sont généralement vérifiés et fiables. C'est leur façon de hiérarchiser et le choix qu'ils font de dire ou de ne pas dire qui posent problème. Ils ne se considèrent plus comme des informateurs mais comme des moralistes qui doivent empêcher le peuple de penser mal.

Or, non seulement ce n'est pas leur rôle, mais rien, ni dans leurs études ni dans leur parcours personnel, ne les autorise à occuper cette position. Les exemples les plus frappants concernent le terrorisme. Après un attentat perpétré aux cris d'*Allahou akbar*, il s'écoule généralement un laps de temps interminable pendant lequel tous les médias parlent d'un déséquilibré, d'un cas isolé, d'un loup solitaire, d'un type qui, «selon nos renseignements», buvait de l'alcool et ne fréquentait pas de mosquée… Puis, quand arrivent les premiers résultats de l'enquête et la conférence de presse du procureur, on s'aperçoit que tout ce qu'on avait dit était faux. Mais on a menti pour la bonne cause : pour que le « gros animal » que nous sommes ne soit pas exaspéré par l'islam et ne commette pas d'actes irréfléchis. Or le journalisme n'est pas un garde-fou. Par ailleurs, le peuple a démontré après chaque attentat qu'il n'était pas fou et qu'il s'est comporté avec la plus grande dignité. Comme si les rôles s'étaient inversés : les médiateurs autoproclamés se sont comportés comme le « gros animal » et le peuple, comme un expert.

De même avec l'épidémie de burkinis. Comme par hasard, c'est dans la région de Nice et suite à l'épouvantable attentat au camion qui a endeuillé notre été qu'en 2016 se sont multipliés les burkinis sur les plages. La provocation est manifeste, et doit être analysée comme telle si l'on ne veut pas tomber dans le piège qu'elle tend. Au lieu d'enquêter un minimum sur l'origine du phénomène – par où est passé le mot d'ordre donné aux femmes de se rendre intégralement couvertes sur des plages où il fait 35 °C ? –, la presse moralisatrice a pris la défense de cette humiliation des femmes au nom d'une tolérance dont elle voudrait qu'elle s'appliquât à l'intolérable. L'intolérable étant que ces corps couverts sur ordre ne s'exhibent que pour laisser entendre que les femmes en maillot de bain – c'est-à-dire les femmes libres de leur corps – sont des putains. Mais le pire, c'est qu'il est plus que probable que les journalistes eux-mêmes, qui s'indignent des arrêtés municipaux interdisant le burkini, ne croient pas une seule seconde à la validité de leurs arguments. Ils les avancent pour que le «troupeau» reste calme… Mais le «troupeau» a parfaitement compris le lien qu'il y a entre le terrorisme et le burkini, lequel est un signe évident de radicalisation religieuse et une manifestation d'auto-exclusion du consensus démocratique.

Les journalistes prétendent être les garants d'une paix civile qu'ils fragilisent sans vergogne avec un discours qui ne vise qu'à flatter leur propre narcissisme de héros de la morale, alors qu'on ne leur demande que d'être garants de la justesse de leurs informations. En réalité, ils ne sont garants que de leur amnésie démocratique qui a oublié que l'égalité des hommes et des femmes était la conquête la plus précieuse – et la plus fragile – de l'État de droit. Les citoyens sont excédés que l'on pense à leur place et qu'on leur parle comme à des enfants. Ils n'en peuvent plus de la leçon de morale idéologique que leur infligent leurs sources d'information. Ils ne leur accordent plus aucune confiance. Les enquêtes d'opinion mettent les journalistes devant les politiques dans le rejet et la défiance. Qu'importe! Aucune assise du journalisme, aucune réflexion structurée de la profession ne cherche à comprendre ce désaveu qui se traduit pourtant par une agonie industrielle du métier. De la même façon que pour eux, le terrorisme islamique n'a rien à voir avec la radicalisation montante au sein de l'islam, l'irrésistible chute des ventes de leurs titres n'a rien à voir avec la médiocrité de leurs pratiques, basées sur la lâcheté, la démagogie, le mépris de la responsabilité à quoi les oblige leur citoyenneté démocratique, et le suivisme moralisateur. Rares sont désormais les journalistes qui honorent le public par le sérieux de leur travail et par leur courage de rapporter une réalité explosive. Mais cette partie du problème, hélas, est désormais anecdotique. Les générations montantes ne s'informent plus que par Internet, dont l'effet, grâce aux réseaux sociaux, est encore plus pervers.

Selon les sites que l'on consulte, on trouvera à coup sûr l'information qui conviendra à sa propre sensibilité. L'utilisateur est invité à s'informer en fonction de ses goûts. Par exemple, si, pendant la campagne du Brexit, je consulte des liens qui me donnent des arguments pour quitter l'Europe, la machine va me proposer d'autres liens où j'aurai la satisfaction de trouver d'autres arguments qui vont dans le même sens. C'est ainsi qu'au terme de la campagne, j'aurai été informé par 100 % de sites hostiles à l'Europe. Au lieu d'être un citoyen informé contradictoirement, j'ai été un consommateur qui n'a fréquenté que des boutiques qui vendent exclusivement ce qui me plaît. C'est encourager la foule à rester un « gros animal » et abandonner, grâce à la surpuissante machine numérique, le questionnement judéo-grec auquel nous devons l'État de droit.

Dans le monde du Big Data, l'information, c'est le triomphe de ma conception personnelle du monde. Le monde doit être comme ça me plaît, comme je le sens. J'ai le choix : je peux aller sur le site de Mediapart, de Daesh, être « follower » de telle ou telle mouvance sur Twitter. L'algorithme me guide en calculant les occurrences de mes comportements d'utilisateur.

Or, le monde n'est en aucun cas un objet qui correspond à mes affinités personnelles. Le monde n'est jamais le monde selon moi. Et puisque ce monde qui se présente à moi selon mes affinités n'existe pas, je suis constamment en colère. Je suis comme un enfant paranoïaque qui doit combattre la réalité quand elle ne ressemble pas à ma légende numérique. L'opinion qui se forme d'affinités en affinités dans le monde numérique est une opinion potentiellement terroriste. En n'étant guidé que par ce qui est susceptible de m'intéresser, je ne cherche pas à me faire une opinion, mais à renforcer jusqu'à la folie celle que j'ai déjà. Je ne m'informe plus qu'à charge. Si je suis pour le Brexit, jamais mon ordinateur ne me proposera d'aller voir un site où l'on démonte les mensonges de mon camp.

L'opinion commune ne vaut rien. L'opinion n'a de valeur qu'à l'issue d'une réflexion laborieuse et contradictoire, ce qui demande un effort et une pratique totalement étrangers à notre début de XXIe siècle numérique.

Et même si le souffle démocratique donne encore vie à nos libertés, non seulement nous oublions de quelles précieuses particules il est composé, mais, en reniant ce qu'il doit à la culture juive, nous le désavouons. Et comment peut-il en être autrement ? La morale commune des médias a fait d'Israël la bête noire du monde soi-disant moderne. Le milliardaire Soros arrose de milliards les sites Internet et les activistes du BDS (Boycott Devestment Sanction), les juifs, de nouveau considérés non comme des individus, mais comme un complot hostile aux musulmans – nouvelle aubaine des bonnes âmes en quête de victimes à défendre – sont de nouveau à la fois les cibles des critiques médiatiques et des terroristes. L'odeur de l'antisémitisme, c'est celle qui précède les tragédies de l'humanité.

Un antisémitisme du XXIe siècle est en train de se développer, parallèle aux progrès de la radicalisation de l'islam : à l'agression terroriste de l'extérieur, s'ajoute le reniement de notre identité démocratique. Comment combattre la barbarie si l'on n'est personne ? Si aucune valeur de laïcité, de concorde, de fraternité, de respect de l'égalité homme/femme, du droit des homosexuels n'est plus là pour constituer notre identité, si tout ce que nous devons à la culture judéo-grecque est bradé sur le marché de la démagogie, comment espérons-nous survivre dans la violence d'un monde qui n'a rien à voir avec l'idée qui ressort des algorithmes ?

Comment se réapproprier notre glorieuse bâtardise européenne – romaine, grecque, juive, arabe, africaine, slave, asiatique et j'en passe – si nous renions la grande pensée judéo-grecque qui a rendu ce miracle possible ?

CHAPITRE 9

L'abolition du hasard

Lorsque deux grandes cultures se rencontrent et fusionnent pour produire l'essentiel d'une civilisation, il faut bien qu'elles aient quelques affinités pour d'abord se rapprocher, puis finir par s'interpénétrer jusqu'à n'en plus faire qu'une. À bien y réfléchir, parmi toutes les rencontres entre les spéculations grecque et juive, l'élaboration, par Platon, d'une philosophie qui, quelques siècles plus tard, a structuré la pensée monothéiste, et notamment la doctrine chrétienne, n'est pas la moindre. Mais au-delà de ce fait historique, les penseurs grecs et juifs avaient deux points communs, et l'un découle de l'autre.

Le premier, c'est – face aux formes innombrables et imprévisibles que revêt en permanence la réalité – *l'aveu d'une ignorance*, d'une impossibilité de détenir un savoir qui ne soit pas provisoire. Socrate affirme «Je sais que je ne sais pas», et la pensée juive ne cesse de remettre en cause ses interprétations du monde. Sans cette acceptation d'une ignorance dynamique, vécue non comme une fatalité mais comme une quête de vérités, si transitoires soient-elles, ces deux pensées n'auraient pu se mêler. Non seulement le doute s'y exprime, mais il est considéré comme une *valeur*. Si ces deux pensées, ou l'une des deux, avaient valorisé des vérités dogmatiques et indiscutables, le miracle n'aurait pas pu avoir lieu. Non qu'il n'y ait eu des Grecs et des juifs dogmatiques, mais la tonalité générale des penseurs présocratiques, de Platon, de ses successeurs et des grands intellectuels juifs relève davantage de l'étonnement et du questionnement que de l'affirmation. Ainsi Moïse Maïmonide, dont les ouvrages ont influencé Spinoza et nourri la pensée médiévale arabe, juive et chrétienne, rejoint-il la position de principe de Socrate lorsqu'il écrit, dans le *Guide des Égarés* : «Ce que je crois posséder moi-même n'est que simple conjecture et opinion personnelle.» Ces deux pensées ne cessent de dissocier le spirituel du temporel, et de tenter de réfléchir sur la réalité en s'affranchissant des croyances. Elles ont en commun de suivre obstinément le chemin de la réalité *en sachant qu'elles ne savent pas* où il mène. C'est l'aventure intellectuelle dans toute sa splendeur, c'est celle qui ouvre la porte de la science et du droit, et ses péripéties façonnent les concepts qui aboutiront à la séparation légale de l'autorité spirituelle et de la loi humaine, au bénéfice de cette dernière.

L'autre point commun, qui en est la conséquence, c'est le rapport au temps, considéré comme l'élément qui modifie en permanence toute la réalité. Du Grec Héraclite d'Éphèse au juif Marcel Proust, on ne se baigne jamais deux fois dans le même fleuve. Si cette philosophie a prouvé son incroyable fécondité, c'est qu'elle mobilise la raison pour se résigner le plus joyeusement possible à l'imprévisibilité tragique par laquelle le temps manifeste son existence.

Cette imprévisibilité, c'est la vie même, et la réussite de la vie passe à la fois par l'accueil en soi de l'étonnement, et l'énergie du désir de résoudre par la raison et la créativité les problèmes que ne cesse de poser le mouvement des choses. S'il y a une chose dont je ne doute pas, c'est que cet étonnement, cette énergie et ce désir ne disparaîtront qu'avec le dernier homme.

Mais l'âme de l'homme est partagée entre le désir de cette aventure humaine et l'envie d'un confort où le plus de choses possibles soient prévisibles. La raison elle-même fait un pont entre ces deux désirs contradictoires. Ils ont pour point commun d'être tous les deux une quête de bonheur. Peut-être d'ailleurs qu'une vie réussie consiste en un subtil partage de notre territoire intime entre ces deux désirs, sans que l'un fasse mourir l'autre. Quand il s'agit de sacrifier des petites choses en obéissant au désir de prévisibilité pour avoir la paix avec la société, pourquoi se gêner, pourvu qu'on ne sacrifie pas les grandes choses par lesquelles on vit vraiment l'imprévisibilité de l'existence ? Montaigne lui-même, en pleines guerres de Religion, choisit la « religion du roi » pour ne pas se compliquer la vie. Le tragique ne manquant jamais de rencontrer toute vie humaine, la joie est à ce prix.

Mais nous entrons dans une période fatiguée. La plupart des individus de la planète ont désormais conscience de la dimension du monde, de sa complexité, et de la multitude de questions de tous ordres qui surgissent à chaque instant : politiques, économiques, démographiques, religieuses, écologiques, diplomatiques, juridiques, scientifiques, philosophiques, etc. Il est désormais impossible de tenir le monde dans sa main et d'entretenir l'illusion qu'on peut le définir en quelques phrases.

Après tant de siècles de barbarie, l'Europe a inventé un système de paix dont le confort semble avoir encalminé notre désir d'étonnement et de questionnement. Devant sa complexité, le citoyen, amnésique de l'histoire de ses libertés, bâille et cherche des réponses simples. C'est un très gros marché. La demande est immense. Pour y répondre, le grand bazar du numérique se met en ordre de bataille. En investissant des fortunes colossales dans le Big Data, les plus grandes puissances financières poursuivent un but dont je ne suis même pas sûr qu'elles aient conscience de sa nature *politique*. Pour l'instant, la plupart n'y voient qu'une géniale rationalisation du business. On fait briller un avenir qui chatoie comme une utopie heureuse, au prix d'une étrange ambition. C'est la face noire du Big Data.

En collectant des données personnelles, en traçant les parcours des utilisateurs pour en noter leurs affinités, en traitant ces milliards de données grâce aux algorithmes, on caresse le rêve de répondre le plus exactement possible à toutes les demandes. Les résultats des calculs algorithmiques nous indiqueront quelle direction donner à une politique, ce que l'industrie doit produire et en quelle quantité, dans quel domaine et dans quelle direction les scientifiques doivent orienter la recherche, ce qu'il faut produire comme divertissement, comme art, comme musique, quel est le bon partenaire sexuel et sentimental, jusqu'où on peut asservir l'autre au maximum sans avoir à craindre une révolte, quelle est l'information utile à faire circuler et laquelle est inutile…

Quand on pense qu'il y a des gens qui, avant tout débat, s'épouvantent de la lutte antiterroriste ou de l'état d'urgence parce qu'ils permettent des écoutes téléphoniques et une surveillance numérique, alors que dans le même temps, ils sont en train de tout révéler d'eux-mêmes sur les réseaux sociaux, on mesure l'imbécillité du « gros animal ». Ils n'ont même pas conscience qu'ils livrent gratuitement le trésor de la totalité de leurs désirs aux géants de l'Internet qui leur font croire à la gratuité des services rendus. Ils se méfient de la police républicaine, ce qui, par ailleurs, ne serait pas délirant si, dans le même temps, ils ne dévoilaient pas sur un réseau mondial toutes les informations sur leurs comportements, leurs opinions et leurs penchants. L'utilisateur moyen des réseaux sociaux pense qu'il alimente le réseau qu'il utilise… Erreur, il alimente les propriétaires du réseau qui, forts de cette information totale, rêvent d'un monde où le hasard sera aboli.

Car le nouveau projet utopique qui parcourt le monde d'aujourd'hui n'est rien d'autre que l'élimination de l'imprévisibilité. L'algorithme va calculer le meilleur des mondes possibles en fonction de la somme des demandes formulées dans tous les domaines. Ils considèrent que ce monde indéfini peut devenir, et être traité comme, un monde défini. De ce monde qui n'a – heureusement – aucun sens sinon celui que lui donne le désir de chaque individu singulier, ils veulent faire un monde ayant un sens qui est supposé se manifester dans les résultats d'un calcul algorithmique. Savent-ils seulement que c'est le b.a.ba du totalitarisme ? Avec d'autres moyens séduisants, ludiques, ingénieux, mais concourant à la même utopie totalitaire. On pourrait même dire globalitaire.

Vouloir abolir l'imprévisibilité, c'est abolir la vie même. Avec des méthodes plus frustes, moins électroniques, c'est le même rêve que nourrissaient Staline, Hitler et les quelques autres bienfaiteurs de l'humanité qui ont ensanglanté le XXᵉ siècle.

La nouveauté, c'est que nous avons désormais les moyens techniques pour enregistrer la voix de la foule, c'est-à-dire du «gros animal», en faire une synthèse, et lui donner le pouvoir d'administrer la cité. Or, on le sait depuis Platon, le «gros animal» ne peut engendrer que la guerre et la terreur. Socrate disait qu'il savait ne rien savoir, et Maïmonide et Shakespeare et Montaigne et Freud après lui. Après des siècles d'un doute philosophique grec et juif qui a permis l'essor d'une civilisation unique par ses droits, sa science et ses arts, après des siècles de prudence pour dégager des vérités provisoires, voici venir l'algorithme qui déclare : je détiens la vérité, et aucun doute n'est plus permis. Qu'importe que cette vérité soit la moyenne de toutes les stupidités, de toutes les opinions les plus farfelues, de toutes les erreurs, de tous les fantasmes, de toutes les paranoïas et de tous les ressentiments.

Rassurons-nous. Comme l'imprévisibilité est irréductible, comme elle est inhérente à la vie même, cette utopie, pas plus que les précédentes, ne survivra à sa folie. Elle s'engloutira elle-même comme la mer Rouge s'est refermée après le passage des Hébreux. Mais la question est de savoir quand, comment, et combien elle coûtera en souffrance et en vies humaines.

Le problème de notre monde est de confondre les tuyaux avec ce qu'ils véhiculent. On pense Internet comme celui qui croit pouvoir traverser le désert parce qu'il a mis un robinet dans son sac à dos, ou mieux encore, parce qu'il a la possibilité de faire apparaître un verre d'eau en 3D avec son téléphone portable.

Nous sommes, sans le savoir, dans une course contre la montre. La valeur accordée au Big Data est telle qu'elle donne à ceux qui le possèdent, l'utilisent et en font commerce, une puissance qui, d'ores et déjà, se joue des frontières, des lois, et des fiscalités nationales. La petite tragédie mondiale dans laquelle se sont opposés récemment Apple et le gouvernement américain est significative. Apple refuse de fournir à la police le décodage d'un iPhone supposé contenir des informations sur un réseau terroriste, parce qu'il craint que ça ne lui fasse une mauvaise publicité auprès de ses acheteurs ! Donc de ses acheteurs qui voudraient s'adonner au terrorisme, si j'ai bien compris... Ou de ses acheteurs qui, sans être des terroristes, veulent quand même jouir de la liberté de pouvoir le devenir. Évidemment, ces écoutes posent des problèmes, mais les démocraties sont dans une situation exceptionnelle. Depuis le 11 septembre 2001, elles font l'objet d'assassinats de masse visant à les détruire. Que faire ? C'est encore une fois la question du monologue d'Hamlet. Être ou ne pas être. S'armer contre l'adversité, et continuer à être, ou s'y soumettre et ne plus être.

Les États de droit vivent désormais entre deux menaces, qui ont en commun de renier notre héritage judéo-grec :

– La radicalisation au sein de l'islam qui considère comme impures et vouées à l'éradication toutes les formes de libertés démocratiques, à commencer par l'égalité entre les hommes et les femmes, l'irréligiosité, la liberté de conscience et d'expression, la liberté de la science, et tout ce qu'a produit le monde judéo-grec en termes de tolérance et de respect de l'individu.

– L'hystérie numérique, qui pense, à coup de milliards de dollars, pouvoir fermer la boutique de l'intellectualisme judéo-grec qui ne cesse d'inventer une civilisation universaliste, pour mettre à la place un Apple Center qui accouchera d'un monde du Big Data : un enfer où les moyens de diffusion de l'opinion dépassent, et recouvrent par leur puissance, les moyens de diffusion de l'information.

On ne peut que constater tristement qu'il y a – même si c'est à leur corps défendant – une alliance objective entre ces deux menaces. Le terrorisme et la radicalisation trouvent dans Internet un outil parfaitement adapté à leur organisation et à leur propagande, et l'on mesure chaque jour combien les réseaux sociaux considèrent comme une atteinte scandaleuse à leur prospérité toute intervention de la loi quant aux contenus qu'ils font circuler.

La solution au problème n'est pas hors de portée. Elle réside dans la constitution d'une autorité nourrie par une réflexion suffisamment profonde, dans la tradition démocratique, qui permette de connaître le juste et l'injuste, autorité légitimée par un parlement continental, comme le Parlement européen, afin d'établir un rapport de force suffisant pour convaincre les autres États de droit de se doter de lois régulatrices. Si l'État ne doit pas régenter le commerce, il doit toutefois veiller scrupuleusement à ce que le commerce ne supplante pas sa puissance légitime. C'est ce subtil déséquilibre qui est garant de la concorde et de la paix.

Inutile de rêver à un passé faussement idyllique. Nous ne reviendrons pas en arrière, et il faut s'en réjouir. Le Big Data, que permet l'existence d'un réseau ouvert de communication mondiale, est également l'un de ces objets d'étonnement philosophique et scientifique qui nourrit le désir de faire prospérer l'aventure humaine. Le ramassage des ordures a été un formidable progrès de l'hygiène sauf pour ceux qui habitaient à côté de la décharge. À part dans les régions mafieuses et dans les dictatures, on a trouvé une solution au problème et on est allé se loger ailleurs. De même, le Big Data est potentiellement un outil de progrès tel que l'humanité n'en a sans doute jamais connu et ce n'est pas parce qu'il est utilisé sans jugement qu'il faut s'épuiser vainement à souhaiter sa disparition. Il est l'outil d'une révolution scientifique, écologique, médicale, économique, dont on aurait tort de se priver. On pourra sans doute éliminer les famines et la plupart des souffrances physiques de l'agonie, vivre mieux et plus longtemps, avoir davantage de temps à soi, avoir des accès simplifiés à de larges domaines de connaissance, éradiquer les épidémies beaucoup plus rapidement, faciliter les voyages, la découverte du monde et les échanges autrefois impossibles ou trop coûteux, développer la démocratie, l'égalité des droits, l'accès au savoir pour des populations toujours plus nombreuses, et susciter une sagesse démographique que l'on observe déjà dans la plupart des pays démocratiques.

Pour cela, il faudra d'abord prendre conscience qu'Internet n'est pas gratuit, et que les utilisateurs, sans le savoir, paient très cher cette « gratuité ». Ensuite, arrêter de rêver que l'intelligence artificielle sera supérieure à l'intelligence humaine. Le cerveau humain est organique et cherche des solutions adaptées à son organisme. Le fait de gagner au jeu de go ne fait pas de l'ordinateur une intelligence supérieure. C'est une intelligence différente qui ignorera toujours les conséquences d'une rage de dents sur sa réflexion. Or, l'humanité est condamnée sans la réflexion des infirmes, des petits, des grands, des faibles, des forts et, bien sûr, des bâtards.

L'intelligence artificielle n'aura jamais l'inventivité d'un bâtard pour survivre dans un monde aristocratique, ou clanique, ou religieux.

Tout ce qui prolonge l'intelligence humaine, la multiplie, lui facilite la tâche, est bon à prendre. Tout ce qui se substitue à elle nous pousse vers l'apocalypse.

La fantaisie d'Isaac Asimov avait prévu cette impasse en édictant les trois lois de la robotique interdisant aux machines d'être en mesure de nuire à l'humanité :

« Un robot ne peut porter atteinte à un être humain ni, en restant passif, laisser cet être humain exposé au danger. »

« Un robot doit obéir aux ordres donnés par les êtres humains sauf si de tels ordres sont en contradiction avec la première loi. »

« Un robot doit protéger son existence dans la mesure où cette protection n'est pas en contradiction avec la première ou la deuxième loi (*Cercle vicieux*). »

La pensée judéo-grecque postule que l'homme et ses inventions sont au service de l'homme, et qu'il faut d'abord connaître ce dont on a besoin pour s'accomplir avant de rêver à l'organisation de la cité. Aujourd'hui, des rêveurs, géniaux mais incultes, imaginent – sans même le savoir pour les plus naïfs d'entre eux – un monde où l'homme serait au service des tuyaux. La valeur du réseau est plus précieuse que ce qu'il transmet, et ce qu'il transmet est sommé de lui donner de la valeur. Ils ignorent qu'ils condamnent l'humanité en oubliant les deux commandements qui fondent sa prospérité : le « Connais-toi toi-même » du temple d'Apollon et le « Tu ne tueras pas » des Tables de Moïse. C'est-à-dire la culture et la loi.

On croit que ces sentences sont des vieilles choses que la pluie, le soleil, le vent et le cours indifférent du temps ont transformées en objets de curiosité archéologique. Erreur et folie. Dans l'histoire humaine qui s'étale sur deux ou trois millions d'années, ça ne date que de deux douzaines de siècles. C'était hier. C'est une histoire toute nouvelle. Comme on le dit pour les séries télévisées, nous ne sommes qu'au début de la deuxième saison. Et si le suspense, et l'angoisse qui nous étreint quand le héros est en danger, augmentent à mesure que l'on comprend que le héros, c'est nous-même, alors tout n'est pas perdu.

CHAPITRE 10

Éloge de la bâtardise

À quoi servent les mythes, qu'ils soient religieux, historiques, ou littéraires ? Jeanne d'Arc, Jupiter, Jésus, Sherlock Holmes, Roméo et Juliette, Don Quichotte, Madame Bovary, Ulysse (on pourrait en citer quelques autres…) ont un point commun. Ils sont mythiques. C'est-à-dire qu'ils concentrent en eux un certain nombre de possibilités humaines, et sont sujets à d'infinies interprétations. C'est l'utilité des mythes. Ce sont des reflets de nos extrêmes et de nos contradictions. Lâcheté, courage, amour, haine, laideur, beauté, ruse, héroïsme, prudence, cruauté, bonté… Assez rares sont les mythes littéraires, c'est-à-dire les personnages inventés par un écrivain, dont le caractère est tellement concentré que leur nom propre devient un nom commun. On peut définir une personne en disant qu'elle est un Tartuffe ou un Don Juan, un couple d'amoureux en disant qu'ils sont Roméo et Juliette, sans même avoir lu Shakespeare ni Molière.

Big Brother, qui gouverne le monde de *1984* imaginé par George Orwell, est entré dans la famille assez fermée des mythes littéraires. Alors que les États modernes, c'est-à-dire les démocraties ouvertes, connaissent une crise autodestructrice, le mythe de Big Brother offre d'autres interprétations que celles qui voient en lui la dénonciation d'un monde totalitaire de surveillance globale. On peut en faire une autre lecture, qui d'ailleurs n'exclut pas l'autre, mais la complète. Big Brother n'est pas seulement une puissance panoptique omnisciente, un hyper-service de renseignement qui gouverne le monde, mais aussi un très ancien médiateur, un « daïmon » dans lequel nous devons apprendre à nous connaître en nous reflétant dans son image. C'est un dieu-miroir dans lequel je découvre le possible devenir apocalyptique de l'humanité. J'entends par « humanité » non pas la somme des individus, mais ce qui fait qu'ils sont *humains*, et dont je suis responsable puisque cela reflète cette part de moi-même qui est fascinée par l'aliénation. À la lumière des événements du début du XXIe siècle, je comprends ce mythe comme une alerte, une mise en garde non pas contre « la société », mais contre ma propre personnalité trop faible, trop lâche pour assumer courageusement les enjeux de la liberté et de l'accomplissement personnel. Il va de soi qu'aujourd'hui, ce n'est pas Big Brother qui surveille les foules en cachette, mais c'est un milliard et demi d'individus qui sacrifient une part non négligeable de leur temps de vie pour livrer volontairement leurs innombrables traces à Mark Zuckerberg, le patron de Facebook.

Si l'on cumule tous les utilisateurs de réseaux sociaux, c'est bientôt trois milliards d'individus qui constituent de leur plein gré une grosse masse de données qui s'appelle Big Brother.

Soulignons que Big Brother signifie « grand frère ». Cela signifie qu'il est mon semblable, qu'il est de ma famille, de mon clan, de mon sang. Or, l'humanité qui se rencontre sur Facebook ou Twitter le fait par affinités. Les « amis » et les « followers » (les *suiveurs*, ce qui en dit long...) postulent l'appartenance à une rassurante communauté, une famille numérique, en quelque sorte. Pour mémoire, rappelons-nous qu'il y a une vingtaine d'années, les sociologues ont convaincu les politiques de la pertinence de laisser les « grands frères » – les « big brothers » des cités – s'occuper de la bonne tenue morale des « petits frères », et surtout, des « petites sœurs ». Vingt ans plus tard cette merveilleuse intuition sociologique a donné son résultat : la radicalisation religieuse de toute une jeunesse jusqu'au basculement de certains d'entre eux dans le terrorisme. Cette conception de la fratrie produit les frères Kouachi, les frères Merah, etc. À un niveau plus sophistiqué, on trouve les frères Ramadan, Tariq et Hani...

Aristote définit la « cité » comme un territoire peuplé d'individus que la nature a différenciés, et qui se regroupent, non pour des raisons claniques ou familiales, mais pour des raisons politiques. L'invention de la ville est liée à la rupture avec le clan et avec la famille. Bien sûr, le clan survit dans la ville, mais généralement contre la ville. Il est une menace pour la cité, car le clan, pour préserver son identité, a pour devoir de lutter contre un système politique impur où cohabitent, s'opposent, s'aiment, rivalisent, copulent et prospèrent des individus d'horizons divers.

On l'observe dans nos sociétés modernes où le pouvoir de la famille se réduit à l'éducation des enfants et où le clan se délite – pour le plus grand bénéfice de la liberté individuelle. La ville est le lieu où se nouent des liens imprévisibles, sur la base, non pas d'origines communes, mais d'affections fondées sur des affinités jugées plus pertinentes que les critères ethniques ou religieux. On voit bien que le communautarisme est une menace constante pour la cohésion de la cité. Le communautarisme est une mutation qu'opère le clan pour survivre dans la ville, le plus souvent en s'opposant à elle.

Le clan rêve de pureté, et, pour éviter son abâtardissement et sa dissolution, il opère toujours de la même façon : il « marque » les femmes, afin qu'elles restent réservées aux mâles du clan. C'est précisément ce qui se produit quand une partie de la communauté musulmane se radicalise contre la cité.

Big Brother n'est pas une utopie futuriste. C'est une très vieille histoire. Chaque grande famille à l'ancienne, tous les villages, tous les clans sont des Big Brother qui savent tout de tout le monde. Les membres du clan n'ont pas de secret les uns pour les autres. Leur vie doit être transparente. Ils doivent manifester ostensiblement dans l'espace public qu'ils respectent les règles du clan. Plus le clan se radicalise, plus les signes extérieurs d'appartenance doivent être visibles, sous peine de représailles. C'est Big Brother. La ville, par l'offre permanente de diversité humaine qu'elle propose, est perçue par le clan comme une menace de sa disparition. Big Brother, c'est l'organisation humaine la plus archaïque, celle qui est nostalgique du temps où la ville – Ur, Babylone, Athènes, puis Rome – n'existait pas encore. À noter que les sociologues, prenant leurs rêves pour des réalités, ont encore une fois désigné une chose par son contraire. Ils ont appelé « cité » exactement l'inverse de ce qu'est une Cité. Dans nos « cités », c'est le règne des clans ; le seul commerce prospère, c'est la drogue, on se marie entre individus de même origine, et c'est une morale religieuse qui prétend faire la loi. Or, la cité, par définition, est un territoire d'administration, de commerce, de culture, de collaborations d'individus divers, d'indifférence à la croyance, à l'incroyance, et à la sexualité de l'autre. C'est le lieu où l'humain prime sur l'ethnique, où la valeur personnelle prime sur l'origine. Ce que l'on appelle les « cités », c'est au contraire des juxtapositions de villages, de clans, de tribus au mieux, qui s'ignorent, au pire, hostiles entre eux.

Le Dieu de la Bible, qui est un dieu contradictoire, et qui agit diversement selon les époques, s'inquiète de l'invention de la ville. Il y voit une menace pour son autorité. Car c'est toujours au nom de Dieu que l'autorité s'exerce dans le clan. Les hommes, c'est-à-dire les mâles de cette période de l'Antiquité symbolisée par la Tour de Babel, ont fait dire à leur dieu qu'il fallait rayer la ville de la carte. Ils récidiveront avec Sodome et Gomorrhe. Car la cité est le lieu où la sexualité est motivée par le plaisir et non par la reproduction. C'est donc le lieu de la jouissance des femmes et de l'homosexualité. Autant de sujets de frayeur pour l'homme du clan, qui ne se sent à l'aise qu'entre hommes, mais qui condamne les homosexuels. Le refoulement de l'homme du clan ne peut que produire la phobie de l'homosexualité.

Je ne suis pas linguiste, mais j'imagine que c'est la ville qui a inventé notre système de conjugaison, qui impose deux séries. Celle du singulier je, tu et il, et celle du pluriel, nous, vous et ils. Les trois degrés du pluriel relèvent de la sociologie, leur analyse est ici d'un intérêt mineur. Les trois degrés du singulier, en revanche, relèvent de la philosophie. Dans le clan, ne sont acceptés que le « je » et le « tu ». Le « il », c'est le monde extérieur qui menace la pureté du clan. On dénie sourdement à « il » son droit à la vie. On le tolère par temps calme, du moment qu'il se tient à l'écart. On l'assassine quand il est vécu comme une menace pour l'intégrité du clan. C'est, sur le mode artisanal, la même chose que la théorie du « sang pur » des Rois Catholiques espagnols pendant l'Inquisition, et que la théorie de la race pure des nazis, lesquels sont passés du crime artisanal au crime industriel. La ville, la cité, l'État de droit, c'est le territoire où « je » et « tu » acceptent juridiquement, politiquement, philosophiquement, amicalement – au sens de la *philia* grecque – d'être contenus dans « il », d'en être partie prenante. Lorsque Rimbaud, dans la lucidité fiévreuse de sa correspondance, écrit que « je » est un autre, il témoigne d'une sorte de Révélation. Cet autre, qui est « je », n'est certainement pas « tu ». Je est un autre signifie : « je » est « il ». « Il » c'est Rimbaud, habité par les voix multiples qui composent la symphonie de la cité, où se sont mêlées toutes les formes d'humanité.

Le monde du clan, du « je » et du « tu », est sur la défensive. À la complexité du monde de la cité, qui est le monde du « il », il ne trouve qu'une réponse simple : la violence et la mort. Le philosophe Emmanuel Levinas, plutôt que d'altérité, parle d'« illéité ». Parce que l'Autre, au fond, reste l'Autre, et il n'y a guère de raison de s'y convertir. Tandis que le « il », ce sont tous les autres, et moi avec. Je suis cet autre. Je suis « il », puisqu'il me contient. C'est pourquoi la loi fondamentale que rappelle sans cesse le « il » cosmopolite face à la violence qu'exercent contre lui le « je » et le « tu » du clan ou de la « race », c'est toujours le même commandement. C'est celui qu'a gravé dans la pierre le juif, le bâtard de la ville par excellence, cette figure que la « communauté » considère comme un « Autre » extérieur et que la civilisation considère comme un « il » qui la constitue : « Tu ne tueras pas. »

Les démocraties modernes sont aujourd'hui face à un étrange problème. Elles sont sommées de décliner leur identité. Quelle est l'identité du citoyen de la cité d'aujourd'hui?

Sans les Grecs et les juifs, impossible de répondre à cette question. Parce que leurs héritiers intellectuels directs, les individus de la cité, on fait de l'identité un problème d'abord personnel. Avant d'être une recherche de signes extérieurs communs, l'identité découle d'un travail d'intériorisation, d'un « connais-toi toi-même » en vue d'essayer de comprendre quelque chose aux autres. L'identité est le produit d'un va-et-vient entre un questionnement intime et une manière de saisir la réalité des autres existences. C'est en regardant au fond de soi, et non au fond des cieux, qu'on juge s'il est pertinent ou non d'adhérer à telle ou telle valeur, et ce choix constitue une identité intime. Et comme nous vivons dans une société dotée d'institutions démocratiques, il en émerge des valeurs communes qui composent une identité sociale. Cette dernière ne peut être que le produit d'un consensus complexe, heureusement imparfait et améliorable, mais dont le fonctionnement devrait susciter davantage d'étonnement et d'admiration, quand on y pense et qu'on se souvient de la barbarie qui l'a précédée. L'identité, c'est du «je» et du «il». L'identité de la civilisation européenne, outre des langues et des arts, c'est une culture du droit, de la liberté et de l'égalité entre les sexes, c'est-à-dire tout ce qui concerne à la fois «je» et «il». Le reste, c'est du folklore : des cuisines, des danses, des manières de parler, de s'habiller, voire de prier, qui ont leur importance, mais on ne va pas s'entre-tuer pour ça.

Les problèmes commencent lorsque l'on considère que l'identité relève de la sociologie. Alors, elle n'est plus le problème du «je» et du «il», mais devient l'affaire du «nous». Et pour répondre à la question de l'identité, on délaisse les chemins modestes de l'intériorité pour arpenter les voies arrogantes de l'extériorité. Je ne vais plus chercher mon identité au fond de moi, afin de trouver ce qui me lie aux autres, j'arbore les signes extérieurs d'une identité que mon milieu d'origine m'assigne. Ma revendication identitaire consiste non seulement à les arborer, mais à le faire ostensiblement, puisque plus j'affirme mon identité, plus j'ai l'illusion d'exister. Il ne reste alors de l'identité que ce qui est commun au « nous ». Nous Africains, nous musulmans, nous Français chrétiens, nous Bretons ou Basques, nous les jeunes, nous « la vraie gauche », nous « gros animal », nous voulons que la loi commune s'incline devant nos particularités. C'est le règne du « nous » qui fuit les épreuves de l'intériorité, pour se vautrer dans la facilité grégaire. Dans l'identité démocratique, le lien s'impose de l'intérieur. Dans l'identité totalitaire, le lien s'impose de l'extérieur. Cela ne signifie nullement qu'il faille proscrire de l'espace démocratique tout signe extérieur d'appartenance à une tradition quelconque. Mais les signes sont un *langage*, ils délivrent un message. S'ils n'étaient que coquetteries coutumières, ils ne feraient pas l'objet d'autant de passions. Par conséquent, ils ne disent pas tous la même chose, ils n'ont pas tous la même valeur.

Lorsqu'on renvoie dos à dos le port d'une médaille chrétienne, d'une kippa juive et d'un voile musulman, on commet volontairement un contresens. Personne ne croit une seconde à l'égalité du message. On peut mettre sur le même plan la croix, la kippa et la main de Fatma. Mais le problème du voile n'a rien à voir avec l'intolérance antimusulmane. Il touche à la condition des femmes et à leur statut dans la société démocratique. Pour nos sociétés, heureusement, il n'est pas *constitutionnellement* acceptable que des femmes, de quelque confession qu'elles soient, arborent dans les institutions publiques les signes de la soumission et d'un statut inférieur. Et le citoyen d'un État de droit a parfaitement le droit de penser qu'il est lamentable de porter un tel signe où que ce soit, aujourd'hui, dans des pays où aucune autorité légale ne les y contraint. Le voile affirme l'identité du «nous» et sous-entend que celles qui ne le portent pas sont des prostituées. Contrairement à la croix et à la kippa, le voile s'adresse à l'autre pour lui signifier qu'il condamne sa façon de vivre. Il oppose une aliénation féminine à une société dont l'*identité* est indissociable de la liberté des femmes.

Le voile n'est ni un détail vestimentaire ni une coquetterie religieuse, c'est une contestation consciente de l'État de droit qui postule l'égalité entre les sexes.

On remarquera que les intellectuels français qui mettent sur le même plan croix, kippas et voiles sont des hommes, et qu'ils ne se sont jamais donné la peine d'imaginer ce que peut ressentir une femme qui ne peut pas sortir de chez elle sans cacher son visage.

Enfin, le premier contact à partir duquel s'entretissent tous les liens qui constituent la cité démocratique, c'est celui qui s'opère au moment où les yeux se posent sur un visage. C'est seulement à partir du visage de l'autre que peut s'établir une solidarité humaine qui se traduit dans les lois. Évidemment, ça ne marche pas toujours, mais sans le visage, ça ne marche jamais. Je sais, il ne s'agit que du visage des femmes. Mais on ne bricole pas une identité démocratique en excluant la moitié du monde. On n'invente pas un monde acceptable en triant les bâtards que nous sommes.

CHAPITRE 11

Je suis du temps qui passe

Tout le monde connaît des moments semblables. Ce matin, quand je me lève, il fait clair et déjà un peu chaud. Sur ma table, le désordre du travail de la nuit. Pas de douleur physique. Aujourd'hui, je dois commencer un nouveau chapitre. Avant de m'y mettre, je lis quelques scènes du *Roi Lear*. Une réplique me met dans cet état particulier – proche de celui de l'enquêteur qui pressent la résolution de l'énigme – qui mobilise d'un seul coup toute la réflexion. C'est le signal qu'une idée et des mots qui se cherchaient sont en train de se trouver. C'est, le temps d'un éclair, le sentiment d'apercevoir une clef qui donne sa cohérence à l'ensemble des choses. C'est un état fragile. Une heure ou un jour plus tard, cette intuition fugitive peut avoir perdu tout son pouvoir, telle une baudruche crevée. Mais lorsqu'elle surgit dans l'esprit, sa magie opère. Il faut en profiter. La philosophie est une loterie où rien ne ressemble plus au chiffre gagnant que le chiffre perdant. Tout est une question d'agencement de l'idée dans l'édifice déjà existant de la raison. Or, ce matin-là, l'idée s'emboîtait merveilleusement dans l'ensemble. Tout – y compris le passé et le futur, c'est-à-dire mes morts et ma mort – baignait dans une limpidité tranquille. Les lignes qui suivent sont comme une photo que j'aurais voulu prendre de cet instant.

Toute la pensée travaille avec devant, derrière, dessus, dessous elle l'idée de la mort. Les Anciens et les religieux ont imaginé un au-delà délicieux ou infernal pour punir ou récompenser le vivant. Longtemps, l'angoisse de la mort fut augmentée par l'idée du châtiment divin ; plus rarement, diminuée par la promesse d'une récompense. Aujourd'hui, à part quelques fanatiques, la plupart des religieux ont discrètement fermé la boutique de l'autre vie. La foi est davantage vécue comme une règle de vie pour s'acheminer le plus paisiblement possible vers la mort que comme une épreuve pour gagner l'au-delà.

Peut-être la mort n'est-elle pas la pire des choses. Quand on assiste à la naissance d'un bébé humain, on voit bien qu'il est dans une angoisse, une panique qui doit avoir quelques points communs avec celle de l'agonie. Et je suis parfois convaincu par ce que dit Montaigne de la possibilité d'un apaisement du dernier moment, sauf si la mort est accompagnée de douleurs extrêmes, évidemment.

Sous des formes différentes, depuis l'Antiquité grecque, Héraclite ou Épicure, jusqu'aux temps modernes, Darwin, Freud, Einstein, en passant par les esprits audacieux de la Renaissance, tous les grands curieux se sont posé la question : de quoi sommes-nous faits ? Dans quelle matière sommes-nous modelés ? Qu'est-ce que l'univers ? Quelle est sa nature primordiale ?

Spinoza a imaginé un univers composé d'une unique substance. L'Être, c'est l'univers lui-même. Il résume ainsi : « Dieu, donc, la nature. » Ce dieu qui se confond avec la somme de toute la réalité de l'univers se contente d'exister éternellement : il est toute chose. En clair, Spinoza affirme que seule la nature existe, et que les dieux inventés par les hommes relèvent de la superstition. Penseur juif marrane, il croit qu'il n'y a rien ni avant ni après la mort, et que la vie ne vaut que par ce que l'on en fait.

Dans son système, l'univers est composé d'une substance unique, que nous ne pouvons connaître que par deux attributs, deux « formes » : l'« étendue », c'est-à-dire la matière, et la « pensée ». Voilà, hâtivement résumé, le départ de l'*Éthique*, son livre le plus subversif, et sans doute, aujourd'hui encore, le plus sulfureux qui soit pour tout esprit religieux.

Reste la question : quelle est cette mystérieuse substance de l'univers qui s'exprime sous forme de gaz, de minéraux, de végétaux, d'animaux, d'atomes, de machines, de cités, d'ondes transportant des images et des sons, de bibliothèques, d'océans, de nuages, de charniers et de maternités, de relativité générale et de physique quantique ?

Les non-spécialistes – c'est-à-dire la plupart d'entre nous – peuvent comprendre quelques bribes des découvertes d'Einstein. Le roman de Pierre Boulle *La Planète des singes* et la série de films qui s'ensuivit les illustrent simplement : le temps, c'est de l'espace parcouru. Le temps s'écoule différemment pour celui qui voyage en vaisseau spatial et pour celui qui pousse une brouette. Et alors ?

Alors, dans *Le Roi Lear*, Shakespeare fait dialoguer le duc de Gloucester avec son fils, qu'il a traité injustement. Gloucester s'est fait arracher les yeux par ceux qu'il croyait être ses alliés. Son fils, qui se dissimule sous l'apparence du «pauvre Tom», et qui est l'un des deux fous prophétiques de la pièce, le dissuade de se suicider. Il faut, dit-il, «supporter notre arrivée et notre départ». Et il ajoute : «Le temps, qui nous mûrit, *est tout.*»

Je pense que l'écrivain qui écrit cette phrase est, comme Rimbaud avec «Je est un autre», sous l'effet d'une sorte de Révélation qui l'a pénétré jusqu'au fond de sa conscience. Cette phrase apparemment banale, mais qui, lue dans son sens littéral, éclate comme une bombe intellectuelle, sous-tend l'ensemble de ses pièces et de ses sonnets. Il ne dit pas autre chose que Spinoza : *quelque chose*

– la substance unique de l'univers – *est tout*. Mais Shakespeare précise : cette mystérieuse substance qui constitue la totalité de la réalité, c'est le temps. Proust le dit autrement, puisque sa *Recherche du temps perdu* signifie en réalité « la recherche de l'univers perdu ». Cet univers a existé *en son temps*, avec les pas de maman dans l'escalier, le bœuf en gelée de Françoise, le corps maladif de l'enfant dans les jardins des Champs-Élysées, et l'amour de Monsieur de Charlus pour le jeune violoniste, mais ces personnages, comme le temps, ont disparu. Parce qu'ils *étaient* du temps.

De quoi sommes-nous faits ? De temps. Comme le reste des choses, les cailloux et les éphémères, nous ne sommes qu'une des infinies diversités de formes que prend le temps. Comme le temps s'écoule éternellement, il explore toutes les formes de réalité.

S'il prend une infinité de formes, il prend forcément un jour la forme de Shakespeare, d'un soleil couchant sur une horde de loups, d'une botte de radis, et du lecteur en train de lire ces lignes. Nous sommes des formes limitées – par la naissance et la mort – du temps infini.

Comme toujours, la musique nous éclaire. Elle est une pure réalité vibratoire, et il est facile de comprendre qu'elle n'est, comme le note Borges dans *L'Autre poème des dons*, qu'« une *mystérieuse forme du temps* ».

Ce n'est pas un hasard si Borges conclut ce poème testamentaire par cette évidence cachée, qui donne tout son sens au reste du poème. Tous les dons sacrés de la vie qu'il énumère, à commencer par le premier, «Je veux rendre grâce *au divin labyrinthe des effets et des causes* pour la diversité des créatures qui composent ce singulier univers (…)», ne sont que des formes du temps, comme la musique.

Cette conscience de n'être d'abord que du temps implique forcément une vision du monde très différente de celle régie par un principe d'autorité divine, avec des promesses d'éternité en récompense des souffrances terrestres. Si nous ne sommes que la manière provisoire dont le temps – c'est-à-dire la réalité – se manifeste, nous savons que nous ne pouvons lui échapper, puisqu'il est ce dont nous sommes faits, et que la mort est définitive. Qu'avant et après la vie, que devant ou derrière la réalité, il n'y a rien. Rien qui ne soit dans le temps.

Si je ne suis que du temps, que faire, après les vagissements de souffrance qui accompagnent la naissance, sinon m'accomplir et connaître des joies?

C'est cette philosophie, privée du secours de Dieu et consciente de la finitude humaine, qui s'enracine dans les cultures grecque et juive, qui traverse les siècles, relayée et affinée par des grands intellectuels et des artistes de génie, par les marranes fatigués des religions qui les persécutent et par les bâtards que rejette la race pure.

Les bâtards, privés de la légitimité et de l'autorité que les dieux inventés par les hommes réservent à la bonne naissance, ont dû aller fouiller au-delà des brumes de la théologie pour trouver une raison de vivre dans la réalité.

Ils ont été les promoteurs de cette raison qui cherche le point commun de tous les individus et qui trouve que l'appartenance à l'humanité prime sur tout le reste. Nous sommes faits de l'étoffe des rêves, dit encore Shakespeare, ce qui est une autre façon de dire que *le temps est tout*. Et, plus important que d'avoir un dieu dont l'existence est conjecturale, nous avons tous le même droit de traverser la réalité sains et saufs. Athées et croyants ne sont que des parcelles de temps soumises à la même tragédie d'entrer dans la vie et de la quitter. Les bâtards, le plus souvent à leurs risques et périls, ont mis toute leur force intellectuelle à élaborer une philosophie. Elle vise à l'établissement de règles pour que cette aventure entre deux néants qu'est la vie se passe le mieux possible.

Le résultat, c'est la civilisation européenne. De mémoire d'hommes, il est difficile d'affirmer qu'on ait fait mieux.

CHAPITRE 12

Cachez cette identité que je ne saurais voir

Qui, il y a quarante ans, aurait pu deviner qu'un jour la France aurait à se poser aussi brutalement la question de son identité ? Même les plus européens pensent aujourd'hui que la question est vitale. Le plus inquiétant, c'est qu'avec quelques variantes, le phénomène touche toutes les grandes démocraties.

Mais, une fois que l'on a défini ce que signifie, par exemple, être français, quel degré d'adhésion à cette identité est nécessaire pour que la concorde soit possible ?

Être français, c'est adhérer à un projet démocratique, à une histoire, à la Révolution, à une langue, à quelques traditions… Pour moi, Français né en France, l'identité française est une notion importante, mais non primordiale. Non seulement je pense que les identités d'abord démocratiques, puis européennes passent avant la nationale, mais, bien qu'aimant sincèrement mon pays, je n'adhère pas à tout ce qui constitue son identité. Il y a un

certain nombre de choses dans l'«âme française»
qui me sont étrangères. On nous dit qu'il faut
tout prendre de la Révolution. Je n'aime pas cette
injonction théologique, fût-elle proférée par le
grand Clemenceau. Je pense que la période qui
va de septembre 1792 – les premiers massacres –
jusqu'en juillet 1794 – la chute de Robespierre qui
correspond à la fin de la Terreur – a fait reculer d'un
siècle l'instauration d'un véritable État de droit.
Néanmoins, le courant qui a porté Robespierre et
ses descendants fait partie de l'identité française.
Lorsque éclate l'affaire Dreyfus, une large partie de
la droite, obsédée par l'identité et inspirée par de
nombreux intellectuels, révèle la virulence de son
antisémitisme. Elle est méprisable, mais elle fait partie de l'identité française. Encore plus méprisable, la
gauche antidreyfusarde, conduite par Jules Guesde,
fidèle à une tradition robespierriste. Il y a dans
l'extrême droite et dans l'extrême gauche françaises
des points communs – une fascination pour la violence, une contestation de l'État de droit, une haine
souverainiste de l'Europe, des États-Unis et d'Israël
– qui sont inhérents à l'identité française et qui ne
m'inspirent que du dégoût. La gouaille en général,
mais celle de Céline notamment, est une expression
de coq sur son tas de fumier, et, si elle me fait rire
parfois (rarement), quand elle se met à penser, elle
m'effraie. Elle est pourtant quelque part dans l'identité d'une France dont le film culte (assez réussi,

d'ailleurs) reste *Les Tontons flingueurs*. La France des intellectuels opportunistes qui ont commencé par cirer les guêtres du Maréchal avant de finir par aller astiquer les étoiles du Général, et qui entre-temps ont regardé passer la rafle du Vel' d'Hiv comme les vaches regardent passer les trains, c'est un brin de l'ADN de l'identité française.

Le problème de l'identité, c'est qu'elle prend facilement la forme d'une mystique, d'une métaphysique, d'un fait hors du temps. Or, l'identité, c'est aussi du temps. Et, si l'on accepte sa nature temporelle, on accepte du même coup qu'en s'écoulant, elle laisse sur le bord du chemin ce qui nuit à la concorde, et fasse prospérer en elle ce qui la favorise. Si l'identité n'accepte pas sa nature mutante, elle devient fatalement l'aliment d'une forme de fascisme et d'exclusion.

Heureusement, il y a aussi dans l'identité française cette idée d'adaptation permanente à la réalité changeante, sinon, elle n'aurait pas donné naissance à tant de scientifiques et d'artistes qui l'ont sans cesse modifiée à travers les siècles. Rabelais ou Descartes ajoutent à l'identité française quelque chose qui préexistait, mais qui n'était pas encore identifié comme une singularité culturelle. Déjà au temps de Du Bellay, la France était la « terre des arts, des armes et des lois ». J'aime l'identité française qui fait de Zola son idole et qui pleure à l'enterrement de Victor Hugo. J'aime l'identité française qui admire les musiciens noirs américains avant l'Amérique. J'aime l'identité française qui met en tête de ses personnalités préférées le chanteur Jean-Jacques Goldman et l'acteur Omar Sy. J'aime l'identité française qui sépare l'Église de l'État, qui institue les congés payés, qui libéralise la pilule, l'avortement, qui abolit la peine de mort et vote pour le mariage homosexuel. J'aime l'identité française des fables de La Fontaine et du théâtre de Molière. On pourrait continuer longtemps. Mais cette identité-là, qui apprécie la beauté, l'intelligence, qui milite pour le droit, qui s'émerveille des progrès de la science, qui croit en l'enseignement et dans la connaissance, qui place la vie sur terre avant les promesses de l'au-delà, d'où vient-elle? Ethniquement parlant, un peu de n'importe où. De barbares du Nord, de Romains, de Celtes, puis de tout un immense brassage séculaire impossible à démêler. Le Français – ou n'importe qui, d'ailleurs, qui réside dans l'orbite de villes cosmopolites depuis des siècles – qui pense que son identité s'enracine dans *sa terre* se raconte une légende sans queue ni tête. Les Français sont des bâtards, comme tous les peuples modernes. Ils ont prospéré dans le mélange sexuel et dans l'influence de pensées grandes voyageuses.

Voilà une vingtaine de siècles que ces peuples mêlés d'Europe essaient de déduire des pensées juive et grecque des lois pour structurer leurs religions et imaginer des institutions politiques. C'est la base de notre identité. Ça ne semble pas susciter un grand intérêt. C'est loin ? Pourtant, c'est une part de l'identité toujours vivante, parce qu'elle est fondatrice de ce que nous sommes. Le 11 janvier 2015, elle s'est manifestée dans la rue, au grand désappointement de quelques croque-morts robespierristes qui trouvent toujours des justifications à la Terreur et qui méprisent l'humanisme européen, tradition oblige.

Cette précieuse identité, qui défile en disant qu'elle est juive, qu'elle est flic et qu'elle est Charlie – ce qui signifie en l'occurrence qu'elle est pour la liberté d'expression et la laïcité –, ignore désormais d'où elle vient. L'antisémitisme chrétien a tout fait pour dissimuler l'apport des juifs dans la civilisation chrétienne, et cette dénégation s'est installée comme une habitude au fil des siècles. Aujourd'hui encore, et malgré la Shoah, revendiquer la culture juive de l'Europe passe pour une provocation alors que c'est un fait vérifiable dans toutes les bibliothèques.

On va dire que les Arabes nous ont beaucoup apporté à une certaine époque. Oui, c'est vrai, mais c'était la période où ils étudiaient la philosophie grecque et, souvent, en compagnie de juifs. Hélas pour eux et pour nous, ça n'a pas duré longtemps. Historiquement, c'est ainsi. Le christianisme est d'abord une religion juive, et il n'est jamais parvenu à cesser de l'être : il ne reconnaît son Messie, juif, que parce qu'il est annoncé par la Bible, juive.

Pendant l'été 2016, suite à l'attentat de Nice, des intellectuels musulmans ont publié une tribune dans *Le Journal du Dimanche*, où ils affirmaient leur conviction qu'il fallait réformer l'islam pour le rendre compatible avec la démocratie et la République française. Ils commençaient par énumérer les attentats perpétrés en France. En omettant l'Hyper Cacher et l'école Ozar Hatorah de Toulouse, en sortant, volontairement ou non, les juifs de la liste des victimes, non seulement ils ont commis une faute, mais ils ont démontré qu'ils se trompaient lourdement sur l'identité de la France, et des autres pays d'Europe de l'Ouest, dont l'identité est inconcevable sans leur part juive.

À la fois touché par leur démarche, et blessé par ce manque de respect pour mon identité, j'ai demandé au *Journal du Dimanche* de pouvoir leur répondre, ce qu'il m'a aimablement accordé. La question étant au cœur de ce chapitre, voici ma réponse :

« Mes chers amis,

En publiant un appel dans le *JDD* de la semaine dernière vous avez courageusement répondu à une nécessité. Français *et* musulmans, vous êtes la première voix qui, à vos risques et périls, ose reconnaître que l'islam traverse en son sein une crise profonde. Vous acceptez de regarder la réalité en face pour constater ce que beaucoup font semblant d'ignorer, à savoir que la radicalisation islamique, qui est le cœur de cette crise, représente une menace mortelle pour la concorde démocratique et républicaine. Et vous en appelez à un travail intellectuel, culturel et législatif pour réformer l'islam de France et répondre à la question du collectif national, lequel comprend évidemment les Français musulmans : "Mais où êtes-vous ? Que faites-vous ?".

Je pense que l'immense majorité des Français, quelle que soit leur origine, attendait ce geste depuis longtemps et l'accueille avec gratitude. Quoi qu'en pensent les partis extrémistes, les Français se savent d'origines diverses depuis des siècles et la longue paix que nous connaissons depuis le milieu du xxᵉ siècle a marginalisé un racisme, qui, s'il doit encore être fermement combattu, n'en est pas moins minoritaire en France. Les sages réactions populaires devant l'atrocité des attentats viennent de le prouver à maintes reprises, et votre main tendue ne peut que renforcer ce désir d'amitié qui fait la beauté d'un pays.

Mais à la lecture on ressent un premier doute : vous ne citez pas *Charlie*, mais des caricaturistes…

Et puis arrive la confirmation, proprement dramatique : vous avez vous-mêmes condamné et gâché votre geste, dès les premières lignes de votre appel. Dans votre étrange liste des victimes du terrorisme – vous parlez du Bataclan, du meurtre des policiers, de Nice, du prêtre –, vous avez omis les juifs, premiers visés par le terrorisme, et premières victimes désignées. Vous avez oublié, pour s'en tenir à la France, les victimes de Mohamed Merah et celles de l'Hyper Cacher.

Il n'y a que deux hypothèses, également catastrophiques :

– Soit vous l'avez fait exprès, pour rallier le plus de monde possible sans avoir à affronter l'antisémitisme qui cimente une part non négligeable de l'islam. Et cela revient à avouer que vous avez déjà perdu la bataille que vous prétendez mener.

– Soit c'est un oubli inconscient, et c'est pire. Cela veut dire que vous n'avez pas encore compris la nature de la maladie qui menace de mort l'État de droit, maladie dont vous n'avez pas encore réussi vous-mêmes à guérir.

Il faut espérer que certains d'entre vous aient signé cet appel en confiance, sans le lire. On ne peut croire que certaines personnes estimables aient commis cette faute.

Cet épisode n'est pas sans rappeler la réaction du Premier ministre Raymond Barre après l'attentat de la synagogue de la rue Copernic, quand il avait déploré qu'en plus des juifs, il y avait aussi des victimes innocentes.

Mes amis, je tiens à vous le dire. Jamais nous n'accepterons de tels "compromis" langagiers qui ne sont rien d'autre que des muettes permissions données aux futurs criminels antisémites. Or – il faut en persuader haut et fort tous ceux qui en doutent, sans quoi votre démarche n'a aucun sens – la France c'est aussi le pays des Français juifs. Nous sommes indissolublement liés à la constituante juive de la France par notre histoire commune, notre culture et l'établissement des lois qui garantissent les libertés et la concorde. Ceux qui pensent que l'on pourrait trouver une telle honteuse sortie à la période dramatique que nous traversons se trompent lourdement. Nous ne nous laisserons pas faire. De même que les Français se dresseront pour défendre les Français musulmans qui enrichissent leur pays en aimant et en respectant l'État de droit, de même ils se dresseront pour défendre leurs concitoyens juifs et la mémoire ineffaçable des victimes assassinées parce que juives.

Amis signataires, chacun est prêt à faire crédit de votre bonne volonté. Il n'est jamais trop tard pour bien faire. Republiez votre appel, avec la liste exhaustive des attentats par ordre chronologique. Et justement parce que vous savez que c'est *le* mot problématique pour une partie de la communauté musulmane, écrivez en toutes lettres le mot juif. Seul l'effort de regarder et de nommer la réalité nous permet de réfléchir à des solutions. Si nous réfléchissons à partir d'un mensonge par omission, nous sommes condamnés à la guerre par soumission. »

Je n'ai pas été surpris des réactions à la publication de ce texte, qui a circulé sur Internet et qui a été traduit en anglais et en russe. Une forte majorité des témoignages exprimait que nous partagions le même sentiment. Ça n'est pour moi que la confirmation d'une conviction. Cet aspect fondateur de notre identité, cette conscience de notre lien culturel fusionnel avec nos compatriotes juifs n'est nullement taboue dans la population. Il ne souffre que d'être un tabou dans les milieux politiques, intellectuels, religieux et médiatiques d'aujourd'hui. Si, autrefois, cette conscience était combattue par l'antisémitisme chrétien, aujourd'hui, c'est la peur et la démagogie de nos élites qui ont pris le relais, en gardant un silence coupable face à l'idéologie antisémite et antiféministe qui envahit l'espace public.

Si un vrai débat sur l'identité avait lieu, avec des temps de parole équitables, et non pas entre des Debray, des Plenel et des Todd qui sont d'accord à peu près sur tout, nous serions surpris du résultat. Nous constaterions que les peuples européens n'ont besoin que d'une chose : qu'on leur parle comme à des adultes des problèmes qui se posent dans leur société, sans éviter les susceptibilités mal placées. J'entends par susceptibilités mal placées celles qui s'expriment lorsque l'on dénonce l'antiféminisme et l'antisémitisme religieux. La haine des femmes et des juifs, c'est la haine de l'identité française et européenne. La communauté musulmane, constituée d'hommes, certes, mais d'autant de femmes, a tout à gagner à un débat sincère. L'identité des Européens est prête à s'enrichir de ce qui rend la vie meilleure, de ce qui consolide la concorde, d'où que viennent les bonnes idées.

En revanche, quoi qu'en pensent les faux savants qui radotent une fausse tolérance par peur de la violence islamiste, les citoyens des États de droit n'accepteront jamais de brader leurs libertés, au cœur desquelles brillent celles dont ils sont le plus fiers : le droit des femmes et le refus de l'antisémitisme.

CHAPITRE 13

Ces lois qui ont changé le monde

Jamais, de mémoire humaine, deux États démocratiques ne se sont fait la guerre. C'est pourquoi il
est étrange que face à la menace de démantèlement
d'une Europe constituée de démocraties, plus personne ne parle de la paix. Elle a disparu des discours
des politiques, des journalistes et des intellectuels.
Ce silence relève-t-il de l'indifférence à la tragédie
des peuples dont ils se croient protégés, de la peur
d'avoir à défendre une mémoire et une culture
judéo-grecques qu'ils font commerce d'ignorer,
d'une fascination pour l'échec, ou d'une ignorance
d'autant plus criminelle qu'ils gagnent leur vie en
prétendant être détenteurs de savoirs?

Dans le monde moderne, l'État d'Israël – quelles
que soient les critiques légitimes que soulèvent les
choix politiques de ses gouvernements successifs –
est un test de la résistance que peut opposer un État
de droit face à la terreur et à la guerre. Et ce n'est
pas l'opinion médiatique internationale qui l'aide

et l'encourage. Au contraire. Toute agression terroriste venant, par exemple, de la bande de Gaza est commentée comme une réponse exceptionnelle et isolée à une agression d'Israël. Et toute réaction de défense d'Israël est considérée au contraire comme une constante et un système, alors que les faits disent toujours l'inverse. Ce discours officiel ne sert personne. Ni Israël qui se sent incompris et isolé, ni les Palestiniens, que l'on dégoûte de la démocratie et qui se sentent encouragés à mener la politique du pire. Pourtant, l'État d'Israël tient bon.

Imaginons maintenant une fiction tragique. Après une série d'attentats qui a rempli d'horreur l'opinion, un coup d'État militaire transforme Israël en dictature. Que se passerait-il ? Triomphe dans les rues du monde arabe, d'Alger au fin fond de l'Indonésie, en passant par Téhéran. Et partout, on se prépare à la guerre. Israël, en quittant la fraternité démocratique, se met au rang de n'importe quel petit pays qui n'intéresse plus personne. Ce qu'on ne reproche que du bout des lèvres à toutes les dictatures du monde, on le hurlerait à tous les vents contre Israël : « Enfin, voilà comment ça devait finir. Ce pays n'a plus aucune raison d'être. » Aucun doute qu'en quelques années, voire en quelques mois, Israël serait rayé de la carte.

Ce qui sauve Israël de toutes les agressions dont il fait l'objet, c'est précisément qu'il demeure un État démocratique. Jamais, dans l'histoire humaine, on n'a trouvé au virus de la guerre un meilleur antivirus que l'État de droit. Qu'ont fait les juifs en créant leur État, sinon transplanter au Moyen-Orient ce qu'ils n'ont cessé d'inventer pendant des siècles en Europe? Tout simplement, parce qu'ils sont ce qu'est l'Europe et que nous sommes ce qu'est Israël. C'est d'ailleurs curieux que les antisémites déclarés perçoivent beaucoup plus clairement cette évidence que les autres.

Hitler, par exemple, voulait réduire en cendres la civilisation européenne pour instaurer une Europe «aryenne» et ressusciter les dieux nordiques afin d'effacer toute trace de la spiritualité bâtarde. Et pour désintégrer la civilisation européenne, par où a-t-il commencé? Par la persécution, puis l'extermination des juifs. Et le reste de l'Europe – à l'exception de Churchill – n'a pas eu la lucidité de se sentir menacé dans son identité par l'antisémitisme nazi.

Les antisémites disent tout haut ce que notre histoire officielle des idées et notre histoire tout court s'acharnent à ignorer ou à minimiser: à savoir la part juive dans ce qu'il y a de meilleur dans notre identité européenne. Louis-Ferdinand Céline, dans une lettre datée de 1942 à Karl Epting, directeur de l'Institut allemand de Paris, dénonce ainsi un illustre collègue: «Depuis bien longtemps, je m'intéresse, et pour cause, aux antécédents de Racine, en telle faveur suspecte, à mon sens, chez les juifs – dont le théâtre n'est qu'une fougueuse apologie de la juiverie. (…). » Évidemment, il a *Esther* en ligne de mire, mais il enrage d'autant plus que, fin lettré, il n'est pas sans avoir perçu les influences de la pensée juive dans toutes les grandes œuvres littéraires qui jalonnent l'histoire de sa propre langue. Homère et la Bible sont les deux grandes sources primordiales de l'art du récit européen.

Pour une fois, je suis d'accord avec Céline, et je pense qu'Hitler n'était pas fou du tout : en visant les juifs, il vise très juste le cœur de notre identité européenne, issue d'une laborieuse épopée destinée à conquérir les droits de l'individu d'où qu'il vienne.

Par le rejet dont ils faisaient l'objet de la part du christianisme, confrontés aux idéologies et aux coutumes racistes, ils ont imaginé un pays pour l'homme nu : le pays du droit, dont nous sommes les citoyens bien peu reconnaissants.

N'étant pas historien, je ne puis prétendre aligner une suite logique d'éléments historiques pour étayer une thèse universitaire. Je ne suis qu'un citoyen ordinaire qui s'intéresse à l'histoire, à la politique, et qui a passé une bonne part de son temps dans les livres. Et malgré le peu de science qui m'en reste, comment taire ce qui crève les yeux ? Comment ne pas partager avec « il », c'est-à-dire avec l'Autre avec lequel je partage l'essentiel de son humanité, ce que je perçois de lumineux dans la tragédie du monde ? À savoir tout ce qui ne se décourage jamais de traduire en droit ce qui relève de l'amour.

Comme j'aimerais qu'un beau livre d'histoire sur ce sujet connaisse un grand succès populaire ! Nous aurions déjà fait la moitié du chemin pour vaincre la terreur et les dangers de désintégration qui menacent la société européenne.

Mais déjà, un simple coup d'œil sur le travail législatif français des cent cinquante dernières années devrait nous aider à nous réconcilier avec nous-mêmes, non seulement avec l'histoire de notre culture, mais avec les acquis de sa modernité, auxquels sont indissolublement liés des Français juifs.

En 1848, Adolphe Crémieux, dont on se souvient pour son décret donnant la citoyenneté aux juifs d'Algérie, a obtenu un vote parlementaire abolissant la peine de mort pour raisons politiques.

Trente ans plus tard, Alfred Naquet se battra à l'Assemblée pour la loi sur le divorce qui changera le statut des femmes, puis pour la loi de séparation de l'Église et de l'État, loi fondatrice de notre identité républicaine.

Léon Blum ouvrira une nouvelle ère sociale et politique en faisant entrer, pour la première fois, trois femmes dans un gouvernement, et en instaurant les congés payés.

René Cassin, à Londres, proche du général de Gaulle et de Churchill, deviendra après la guerre le représentant de la France aux Nations unies, et sera réellement un des principaux rédacteurs de la

Déclaration universelle des droits de l'homme. Il ne cessera de militer pour l'abolition de l'esclavage et de la torture.

Lucien Neuwirth, gaulliste, grand résistant, réussit à briser la réticence du général de Gaulle pour autoriser la pilule. C'est un bouleversement de civilisation. Il est également à l'origine de deux lois dont on n'a pas fini de mesurer l'importance : la prise en charge de la douleur, et la création des soins palliatifs.

Simone Veil, survivante d'Auschwitz, fait, sous une marée d'injures, le cadeau inestimable à notre identité républicaine de clore la question de l'appropriation par les femmes françaises de leur propre corps en faisant voter la loi sur l'interruption de grossesse.

Robert Badinter, juriste et orateur virtuose, pur produit des Lumières françaises, à son tour, clôt un long chapitre sanguinaire de notre histoire en obtenant démocratiquement l'abolition de la peine de mort. On oublie trop souvent qu'en août 1982, il fait également voter par le Parlement la loi qui dépénalise l'homosexualité, ce qui ouvre la voie à sa banalisation, et quelques années plus tard, au mariage homosexuel.

Il s'agit des grandes lois qui opèrent une modification profonde de notre identité démocratique, et toutes ont été portées par des Français juifs, non parce qu'ils étaient juifs, mais parce qu'ils étaient français.

Il n'y a pas eux et nous. Nous sommes sans distinction cette civilisation mêlée qui est parvenue à remplacer la noblesse de l'aristocratie par la noblesse des individus libres et responsables.

Sans la pensée du sang impur, jamais le droit divin n'aurait cédé la place aux droits humains.

CHAPITRE 14

La dernière tapisserie de Pénélope

Dans les moments de trouble, d'ébranlement et d'affaiblissement des pouvoirs arbitraires, la philosophie judéo-grecque se glisse dans les failles. Elle en profite toujours pour accélérer les sciences, des conquêtes de liberté et de justice. C'est ce qui se produit notamment à la Renaissance, où le pouvoir spirituel et temporel est ébranlé par les guerres religieuses, et au siècle des Lumières. Ce sont également des périodes où la mutation de la conscience qu'ont les individus d'eux-mêmes et de leurs droits prend de la vitesse. Ces changements profonds apparaissent dans la littérature du XIXᵉ siècle, qui commence à raconter l'aventure de héros issus de toutes les couches de la société. Le modèle d'Ulysse, le héros antique, n'a plus le monopole de l'Odyssée. Il le partage avec Eugénie Grandet, avec Jean Valjean, avec le Docteur Pascal, avec K du *Procès* de Kafka, avec Julien Sorel, avec Raskolnikov, avec Madame Bovary, le Comte de Montecristo, et tous ces formidables caractères qui s'expriment dans les grands romans du xixᵉ et du début du xxᵉ siècles, jusqu'au narrateur d'*À la Recherche du temps perdu*. C'est toute l'humanité qui, désormais, est littérature. Elle a droit à la musique que produit le génie littéraire, elle prend conscience, d'une certaine façon, de n'être que du Temps qui s'écoule et n'a de sens que celui que lui donnent, sinon le bonheur, du moins les joies de l'existence triomphant de la fatalité de la mort.

Chaque période d'accélération de la mutation des arts et des sciences, donc de la conscience humaine, tend vers un changement d'ère. L'homme médiéval, l'homme de la Renaissance, l'homme *et la femme* modernes ont pour point commun d'aimer, de haïr, de subir les caprices de la fortune, de croire, de douter et de mourir. Mais, selon les époques, il y a beaucoup de différences et dans la manière de subir les péripéties de l'existence, et dans la façon dont les événements agissent sur le corps.

Depuis Homère, néanmoins, il y a une constante dans les récits : le rôle qu'y jouent les femmes. La plupart du temps, elles inspirent l'action. Au début du récit, l'enlèvement d'Hélène – fille du roi de Sparte Ménélas – par Pâris – fils du roi troyen Priam – déclenche la guerre de Troie. C'est au corps défendant d'Hélène que la guerre éclate. Elle n'en est pas actrice et ne peut que se lamenter d'être la cause d'une telle catastrophe. À l'autre extrémité de la geste homérique, Ulysse, après un périple erratique de plusieurs années, finit par se décider à accoster à Ithaque pour retrouver Pénélope. Bien qu'elle soit la destination finale de l'histoire, elle ne peut, elle aussi, que se lamenter de cette interminable attente du retour de l'acteur principal. On lui reconnaît la qualité d'avoir été constante et de n'avoir pas perdu espoir de revoir son époux, mais en revanche, on lui dénie le jugement suffisant pour deviner Ulysse sous les oripeaux misérables de l'aventurier vieilli, jugement que l'on prête au chien Argos, qui reconnaît spontanément son maître.

Et l'histoire de l'*Iliade* et de l'*Odyssée*, archétype de l'histoire de la destinée humaine, va se répéter à travers les siècles. Les hommes partent à l'aventure, puis reviennent au foyer où attendent les épouses qui ont repoussé les prétendants. Et les femmes qui tourneront leur regard au fond d'elles pour saisir la réalité de leur existence subiront le sort de la femme de Loth, changée en statue de sel pour avoir pris connaissance du désastre de Sodome et Gomorrhe, les deux cités où le but de la sexualité n'était pas la reproduction, mais la jouissance. La jouissance féminine, identifiée comme élément perturbateur de l'ordre et comme signe d'une inquiétante autonomie, traverse tous nos grands récits, et le cœur des hommes, comme celui d'Ulysse, oscille entre l'amour de sa pure épouse et l'amour des putains.

Nos héroïnes légendaires en portent témoignage. Si sainte Geneviève, qui a sauvé Lutèce, ne s'en sort pas trop mal, c'est grâce à sa virginité supposée, c'est-à-dire à son absence de sexualité manifeste, Jeanne d'Arc, quelques siècles plus tard, paiera cher son intrusion dans l'héroïsme masculin. Sans parler de Madame Roland, et de toutes les femmes célèbres ou obscures de la Révolution française, qui ont cru que les temps barbares, où l'on déniait la pleine citoyenneté aux femmes, étaient révolus, et qui l'ont payé sur la guillotine.

Mais le christianisme, dont les textes canoniques, les Évangiles, ont été rédigés par des juifs grecs, laisse la place au doute quant à cette inégalité présentée comme un fait naturel. Le récit évangélique fait grand cas de Marie-Madeleine, à laquelle Jésus témoigne son respect. Par ailleurs, il refuse de condamner la femme adultère, enfin il est dit mystérieusement que «Jean était l'apôtre que Jésus aimait»... Autant de failles dans lesquelles, au cours des siècles, se sont glissés plus ou moins bruyamment commentaires et revendications. C'est l'avantage du christianisme d'avoir laissé supposer dans son texte fondateur qu'il y avait place pour la séparation du spirituel et du temporel – «mon royaume n'est pas de ce monde, rendez à César ce qui est à César et à Dieu ce qui est à Dieu» – et même pour le doute puisque la dernière parole du Christ en croix s'adresse à un Dieu et père incertain – *pourquoi m'as-tu abandonné*?

Croyants ou athées, nous sommes le produit d'un langage turbulent qui ne cesse de chercher un sens à la vie et à la mort, et qui roule obstinément doutes et espoirs sur le chemin hésitant de la liberté.

La violence qui, aujourd'hui, secoue notre civilisation européenne, l'islamisme n'étant qu'une réplique du séisme nazi, exprime la peur et la haine que ressentent les esprits archaïques face aux signes scandaleux de la modernité, lesquels leur martèlent que leur règne se termine – si toutefois nous persistons à croire en nous-mêmes. Et ce sont ces signes modernes les plus probants, ceux qui déchaînent la violence des barbares, qui ont été identifiés et développés dans *Ulysse*, l'étrange roman de James Joyce.

Je ne prétends pas faire ici l'analyse de tout le roman, mais de trois fils conducteurs que je tire dans ce récit dont l'impossible ambition était de rendre la totalité d'une journée d'un personnage, et de tout ce qui traverse son esprit au cours de sa pérégrination dans Dublin.

Là encore, il s'agit, à mon sens, de l'œuvre d'un artiste saisi par une Révélation qui lui fait entrevoir dans la clarté de l'éclair un ordre complexe du monde présent. Contemporain de Freud et de Proust, eux-mêmes deux grands accélérateurs de la mutation des consciences tournées vers l'intériorité, il a le projet que son écriture, à l'instar de la musique, ne raconte pas le réel, mais *soit* le réel. Et, comme la musique, soit une forme du temps. Il bâtit une sorte d'œuvre terminale, qui referme les portes d'un monde pour s'ouvrir sur autre chose, un « à venir » auquel le dernier mot du roman, « oui », apporte une approbation.

Il est curieux que tout le monde reconnaisse que Dante, Shakespeare, Montaigne, Cervantès, Joyce ont laissé une œuvre mythique à laquelle les nations rendent régulièrement hommage, alors que si peu les lisent et, par le fait, soient capables d'expliquer ce qui la rend exceptionnelle. Cette reconnaissance générale et cette ignorance commune démontrent une sorte d'intuition qui est bonne, bien qu'elle ne soit nourrie que par un savoir parcellaire émaillé de contresens. Ainsi, l'image de Montaigne – un lettré qui écrit des pensées de bon sens dans le calme de sa tour – est totalement fausse. En réalité, l'histoire littéraire retient obscurément, et par miracle, une vérité profonde : l'œuvre contient des bombes, lesquelles n'éclatent parfois que plusieurs siècles plus tard. Même sous la plume des lettrés joyciens, on a peine à comprendre pourquoi *Ulysse* est un chef-d'œuvre prophétique. Et la lecture en est parfois si malaisée, si compliquée, que l'on soupçonne plus ou moins consciemment qu'une bombe est cachée dans ses ombres. Un livre est parfois légendaire avant d'être compris. Ce sont les mystères de ce que perçoit notre inconscient. C'est le cas d'*Ulysse*.

À mes yeux, ce qui fait d'*Ulysse* une œuvre à proprement parler mythique tient à trois fils conducteurs, à trois signes, c'est-à-dire à trois éléments qui *signent* le roman.

Le premier, c'est le triomphe enfin définitif de la *valeur héroïque* de la vie intérieure. On ne sort que rarement des flux de pensées du héros, Leopold Bloom, et des personnages qui l'accompagnent au cours du récit. C'est le point commun avec la vie intérieure du narrateur chez Proust et avec le travail d'enquête sur la psyché humaine de Freud. Or, la vie intérieure a tous les droits. Personne ne peut reprocher à quiconque d'être traversé par des pensées de tous ordres. Et cela donne une littérature transgressive. Nulle censure dans le secret de soi-même, tout y est bienvenu, l'obscénité, la grandeur, les appétits barbares, le raffinement, la petitesse et la générosité, la sexualité fantasmée… Ce fameux « misérable petit tas de secrets » que nous sommes n'est plus honteux. Et s'il doit rester le secret de chacun, son existence n'est plus un secret. Il est noté dans la littérature, il contribue à la beauté et à la légitimité d'une œuvre humaine. Il faut donc désormais, au mépris des dieux, de la morale et de la loi, faire avec cette « connaissance du soi-même » qui réalise de façon scandaleuse le sage conseil du philosophe de Delphes. Cette bombe à retardement, en quelque sorte, éclate dans l'*Ulysse* de Joyce. Le monologue intérieur des uns et des autres est désormais un élément acquis de la civilisation. Il a pris le pas sur l'injonction extérieure de la morale ou de la religion. Joyce témoigne de la prééminence, désormais évidente, de l'intériorité. La réaction des esprits archaïques est forcément d'une extrême violence. Ils veulent gouverner l'ingouvernable vie intérieure, et motiver les faits et gestes des individus par des ordres qui viennent de leur morale ou de leur religion. Quelque chose leur a échappé, qui les rend fous, et qui est le ressort même de l'humanisme qui leur fait horreur.

Le second signe, Joyce a tout fait pour le rendre visible. Dans la mer intérieure où navigue l'Ulysse homérique, la Méditerranée, la mer de la bâtardise et du commerce antique, s'entrecroisent et se mêlent des peuples de toutes origines. Deux mille huit cents ans plus tard, la mer intérieure, dans l'*Ulysse* de Joyce, c'est Dublin, aux confins de l'Europe. Là où la population est restée très blanche, celte et saxonne, et où le mouvement séculaire et général de la bâtardise européenne arrive comme amorti par la distance et la situation insulaire. C'est un peu comme le dernier territoire de l'Occident à envahir pour ceux qui placent les droits de l'humanité au-dessus des droits des origines. Même les protestants ne sont pas parvenus à convertir ce dernier parapet du monde catholique. Mais Joyce, qui sait que cet ordre des choses est révolu, choisit, et ce n'est évidemment pas un hasard, de faire d'Ulysse le héros grec fondateur, un juif : Leopold Bloom.

Certes l'Irlande a ce point commun avec la Palestine antique d'être une terre d'émigrants, et les Irlandais sont aussi un peuple de diaspora, mais cela ne suffit pas à justifier le choix de Joyce. Il semble évident que Joyce a voulu signifier l'aboutissement d'un long processus : l'histoire européenne achève d'accomplir sa fusion judéo-grecque. C'est, quoi qu'il en soit, ce qui est littéralement affirmé : désormais, il est acquis qu'Ulysse, paradigme de la destinée humaine dans la civilisation européenne, est désormais *également* juif, jusqu'à Dublin. C'est-à-dire un parmi ces bâtards judéo-grecs que leurs origines incertaines ont poussés à inventer un monde où l'appartenance à l'humanité suffit pour fonder le droit à l'existence. Quatre siècles après le juif Shylock, l'usurier de Shakespeare qui tente vainement de prouver son humanité : « Si on me pique avec une épingle, est-ce que je ne souffre pas ? Si on me chatouille, est-ce que je ne ris pas ? (…) » Leopold Bloom prouve son humanité par le foisonnement de sa vie intérieure qui est un chef-d'œuvre de littérature.

De nombreux passages d'*Ulysse* évoquent des généalogies incertaines. Avec son ami, l'étudiant Stephen Dedalus, Bloom s'interroge sur la généalogie de Shakespeare, et lui prête pour ancêtre le père d'Hamlet, ce qui est un délire de lettré… Ailleurs, Joyce rappelle que nul ne peut être certain de qui est son père. Et s'il est possible aujourd'hui de le savoir grâce au test ADN, on ne peut matériellement pas remonter bien loin, et le doute subsiste et subsistera toujours sur la paternité de nos ancêtres. La différence entre les bâtards et les autres ? Les uns savent qu'ils ne savent pas, les autres l'ignorent.

Si Joyce, pour se personnifier, s'est servi de Stephen Dedalus, dont le nom est celui de l'architecte du labyrinthe grec, il fait de même avec son alter ego, le juif Bloom, signifiant là encore l'achèvement de la fusion judéo-grecque. Joyce ayant utilisé dans *Ulysse* les ressources lexicales de plusieurs langues européennes, c'est bien le mouvement de bascule crucial de cette civilisation qu'il a le projet de rendre.

Ulysse-Bloom, c'est la synthèse de ce que nous sommes. C'est un fait qu'il nous faut non seulement accepter, mais *aimer* si nous désirons que prospère un monde qui reconnaît à chacun la légitimité de son existence. C'est la chimie dont le précipité a donné la science, les arts et le droit européens. On imagine avec quelle colère les fanatiques de la religion et de la race pures ont vu cette civilisation de métèques, de copulateurs, de jouisseurs et d'infidèles devenir la plus inventive, la plus séduisante, sans doute aussi la plus joyeuse, quoi qu'on en dise, grâce à cette liberté que désormais la Loi, sinon l'opinion, reconnaît à tous les corps. Et la dignité de Bloom, mise à mal par sa beuverie et son passage au bordel, brille toujours dans un petit coin, sauvée par l'amour qu'il porte à Molly, sa femme, qui le trompe, elle aussi, sans aucun doute. Jusqu'au fond de la fange où se vautre Leopold et jusque dans les tourments que lui donne la débauche supposée de Molly, cette place supérieure à l'honneur ou à la fierté que Joyce attribue à l'amour prend acte d'une détérioration définitive des valeurs anciennes, lesquelles voient dans la vie secrète de l'individu toutes les raisons d'abolir l'amour. Non que ces valeurs aient disparu, non qu'elles ne survivent encore, mais elles ont définitivement perdu leur statut de référence indiscutable. Celui qui aujourd'hui les revendique ne peut s'empêcher de douter secrètement de leur validité, ce qui, d'ailleurs, exacerbe sa violence.

Le troisième signe n'apparaît qu'à la fin du roman, avec cet oxymore troublant : une conclusion ouverte, une fin qui commence, un achèvement qui se poursuit. Ce troisième fil, celui, précisément, de Pénélope, est tiré le long des péripéties innombrables qui précèdent. Après sa journée où il se rend à un enterrement et où, en compagnie de Stephen et d'autres, il refait dans Dublin le parcours de l'Ulysse homérique, Bloom rentre chez lui après minuit avec Stephen. Ils ont une dernière conversation à propos de la culture juive et de la culture irlandaise. Enfin, Bloom va se coucher et retrouve Pénélope-Molly, qui est réveillée, mais qui semble dormir.

Alors commence le fameux monologue intérieur de Molly, qui à la fois ferme le roman et ouvre l'histoire. Car, si Joyce a agencé ainsi son monstrueux récit, c'était précisément pour en arriver là.

Dans son demi-sommeil, en huit phrases qui remplissent soixante-dix pages, c'est enfin le corps de Molly qui parle. Les mots arpentent les chemins tortueux – le dédale – de ses humeurs, de ses rêves, de ses douleurs, de sa chair, de ses organes et particulièrement de son sexe, de ses déceptions, de son humour, de sa raillerie, de son dépit, du cours du temps qui passe en elle… Dans les premières lignes, à propos d'une Madame Riordan, elle a cette réflexion étrange de précision (rappelons que l'action se situe en 1904) : « quel enfer serait le monde si toutes les femmes étaient de cette espèce-là à déblatérer contre les maillots de bain et les décolletés que bien sûr personne n'aurait voulu la voir avec je suppose qu'elle était pieuse parce qu'aucun homme n'aurait voulu la regarder deux fois j'espère bien que je ne serai jamais comme ça c'est étonnant qu'elle ne nous ait pas demandé de nous couvrir la figure (…) ».

C'est l'exploration intérieure de tout son être en mouvement dans son corps immobile, contre lequel se colle un Leopold Bloom bien alcoolisé. Mais le monologue continue à couler comme un gros torrent pendant que Leopold s'endort. Molly, sans même le savoir, est l'ultime incarnation de la Pénélope qui ferme la porte de l'Odyssée, mais elle n'est déjà plus cette Pénélope homérique, elle est

Molly qui aime, qui souffre, qui choisit, qui baise, qui agence le roman de sa vie, dans le chaos, dans l'incohérence, comme n'importe qui, homme ou femme. Homme ou femme ? C'est justement la question. Si Molly est sans aucun doute une femme, il y a dans son monologue intérieur une manière bien à elle d'agencer le monde, chose que ne se permettait pas la Pénélope antique en défaisant la nuit la tapisserie qu'elle brodait le jour. Ce que raconte Molly, ces fictions secrètes de l'âme des femmes, ce ne sont désormais plus des fictions, ce sont des réalités qui prennent leur place dans le monde et le modifient. Le désir féminin existe et produit quelque chose dans la réalité au même titre que le désir des hommes. Il ne se définit plus par rapport à lui, il s'autonomise. Une vieille histoire se termine. Le texte n'a rien d'un manifeste, c'est de la pure littérature et il n'a probablement aucune visée féministe. Il fait mieux, il constate l'irrévocable, ce qui achève le travail de l'intériorité (les mono-logues intérieurs) et de la bâtardisation d'Ulysse (juif-grec-irlandais), l'égalité du droit à l'existence pour les deux moitiés du monde, la féminine et la masculine. Dans la nouvelle ère qu'amorce la fin du roman avec ce monologue, Pénélope n'attendra plus jamais Ulysse, du moins plus jamais de cette façon. Les hommes ne sont plus seuls à parcourir les mers en quête d'aventures. Le corps de chacun reprend ses droits. L'amour n'en sort pas amoindri, mais imprévisiblement différent. On verra. S'il fait ressentir pleinement l'existence, il est le bienvenu. S'il vient pour enchaîner la vie dans le silence, c'est trop tard. Joyce sème, tout le long du monologue de Molly, des «oui» à répétition.

Ses derniers mots laissent le désir décider : «oui et je l'ai attiré tout contre moi comme ça il pouvait sentir tous mes seins mon odeur oui et son cœur battait comme un fou et oui j'ai dit oui je veux Oui».

Ce «oui» approuve ce qui vient sans rien en connaître, mais qui vaudra toujours mieux que ce qu'on laisse derrière soi. Oui.

CHAPITRE 15

L'avenir de l'impureté

Il y a la même différence entre l'État de droit et ce que l'on fait de l'État de droit qu'entre le train et la catastrophe ferroviaire. Alors précisons : s'il faut se battre pour l'État de droit, c'est toujours en étant libre de critiquer ce que l'on en fait. C'est-à-dire chercher d'abord en nous-mêmes ce qui déraille dans notre rapport à la démocratie ouverte. Mais aujourd'hui, la confusion s'est installée. À la critique de l'usage de nos libertés s'est substituée la critique de ce qui les garantit, et si l'on ne se ressaisit pas, ça ne va pas tarder à nous coûter très cher.

La panique numérique qui a saisi les médias en est, en partie, responsable.

Autrefois, pour diriger l'attention sur des choses minoritaires ou marginales, il y avait des journaux ou des médias eux-mêmes plus ou moins minoritaires ou marginaux. Leur fonction était nécessaire, parce que, grâce à eux, personne ne se sentait oublié. *Charlie Hebdo*, par exemple, était un journal qui rendait compte de l'existence d'associations et de mouvements culturels et sociaux, et qui analysait à sa façon des phénomènes de société négligés par les « grands » journaux.

Mais aujourd'hui, *tous* les médias ont mis le marginal et le minoritaire au centre de leur intérêt. Ils donnent désormais une importance disproportionnée à des phénomènes qui certes méritent qu'on les considère mais qui sont microscopiques. Ainsi les innombrables débats et reportages sur « Nuit Debout » étaient non seulement assommants par leur redondance, mais par ce qui en ressortait, à savoir : la démocratie expliquée aux huîtres. Personne pour mettre en équation le positif – un désir de justice – et l'aberration d'une remise en cause de la démocratie représentative, transformée sans état d'âme en coupable enchaînée au pilori, sur laquelle tout le monde peut cracher et frapper sans que ça choque quiconque. Il est étonnant de constater que dans le même pays, il se trouve des religieux prêts à tuer et à mourir pour une religion qui méprise nos libertés et nos droits les plus précieux – sexe, vie privée, liberté de conscience et d'expression, etc. – et des citoyens qui ne lèvent pas le petit doigt pour défendre une démocratie représentative diffamée et honnie, mais à laquelle ils doivent la paix et la liberté.

Les reportages sur Notre-Dame-des-Landes en sont un exemple frappant. On y entend parler d'autosuffisance, d'organisation solidaire et autarcique, sans la moindre analyse politique capable de faire le lien entre la violence des manifestations des zadistes et le mode de vie qu'ils prônent. C'est quand même curieux que, de Jean-Jacques Rousseau à Pierre Rabhi, tous ceux qui pensent le collectif idéal soient des solitaires misanthropes. Ça devrait nous mettre la puce à l'oreille. L'utopie de l'autarcie, avec son sourire de chèvre et son brin de seigle entre les dents, est porteuse d'une colère sourde qui mène certains de ses adeptes jusqu'au recours à une violence radicale. Elle exprime un tel refus du monde, un tel refus de se vivre «dans le temps», un tel refus de «l'autre qui pense autrement», une telle haine des représentants de l'État de droit, qu'ils soient ministres ou policiers, que la moindre des prudences médiatiques commencerait par mesurer le phénomène. Il semble évident que l'immense majorité de la population ne partage aucun de ces fantasmes, et l'honnêteté voudrait que l'on en rappelât clairement les raisons : seule une société ouverte et libre peut, bon an mal an, offrir le terreau de cette précieuse *philia*, cette amitié philosophique qui garantit la concorde.

Il y a un point commun entre les djihadistes cagoulés, les zadistes cagoulés, et les femmes voilées, c'est le refus de présenter son visage à l'autre, le visage étant la première source d'inspiration du désir de fraternité.

Il arrive que l'on voie à la télévision des lycéennes qui tiennent par l'épaule leur copine voilée et qui expliquent qu'il n'y a pas de problème, que tout est normal, vous voyez ? Je ne suis pas musulmane, et ma copine est voilée, c'est bien la preuve. La preuve que la lycéenne a des parents qui lisent *Libération* et qu'elle aussi est de cette gauche-là qui pense que la liberté, c'est aussi la liberté de la soumission et de l'humiliation des femmes. Mais qu'elle fasse un test. Qu'elle présente à sa copine voilée son frère et les copains de son frère en train de manger un jambon-beurre en buvant une bière. Et qu'elle nous dise si l'un d'entre eux pourra, ne serait-ce que la tenir par l'épaule et lui faire une bise de bonjour ou d'au revoir devant une caméra. Le mélange est interdit, et le voile le signifie. Dans la famille de sa copine, on ne veut pas qu'elle ait de contact avec des bâtards. La probabilité qu'elle épouse un musulman frise la certitude. Et pourtant les deux fréquentent un lycée de la République où l'on se demande ce que l'on y apprend sur la question des institutions et des libertés. Ça ne peut juste plus durer. Ces aberrations, d'abord minoritaires, ont été tellement approuvées par le monde intello-mé-diatique, qu'elles sont devenues un véritable mes-sage que les citoyens des démocraties s'envoient à eux-mêmes pour se convaincre de la perversité de l'État de droit. Oubliant que ce qui est critiquable, ce n'est pas l'État de droit, mais ce qu'ils en font. Et s'ils méprisent leur personnel politique, ce n'est pas parce qu'il est coupé d'eux, au contraire, c'est parce qu'il leur ressemble. Ils n'ont qu'à s'en prendre à eux-mêmes, parce qu'ils ont les politiciens qu'ils méritent.

D'ailleurs, le jour où une ou des personnalités politiques décideront de cesser de vouloir ressembler au modèle que leur propose l'opinion, et s'adresseront à elle pour lui rappeler en quoi consiste la noblesse d'être le citoyen d'une cité moderne, on commencera à y voir plus clair.

Au fond, Daech nous connaît mieux que nous ne nous connaissons nous-mêmes. Quand on lit leurs communiqués, et notamment ceux où ils félicitent Michel Onfray pour ses prises de position courageuses, ou le Conseil d'État pour son arrêt sur le burkini, on se dit qu'on a tort de sous-estimer la finesse de l'ennemi.

Je ne crois pas une seconde aux thèses démagogiques des sociologues qui expliquent le terrorisme par le chômage ou par un penchant fasciste ou raciste des démocraties supposées blanches, faisant ainsi de la victime un coupable et du coupable une victime. Je ne crois pas davantage à la responsabilité des États de droit dans les affaires de terrorisme, mais à la pleine et entière responsabilité des terroristes et de ceux qui les inspirent.

En revanche, je suis convaincu que le désamour suicidaire dont nos démocraties représentatives font l'objet de la part de leurs propres citoyens – quels que soient leurs origines, leur religion et leur niveau intellectuel – facilite la tâche des islamistes. Sans ce dépit de nous-mêmes, ils auraient beaucoup plus de difficultés pour évoluer et prospérer au sein de nos sociétés. Les communiqués de Daech cherchent à nous convaincre. C'est de la propagande, et elle n'est pas si maladroite que ça. Et quand j'entends ou lis certains politiques, journalistes et intellectuels, je me dis que ça marche. Les personnalités qui rejettent en bloc tout ce qui émane de cette idéologie antisémite, antiféministe, homophobe et criminelle sont des exceptions. C'est dire où l'on en est. C'est comme si l'on commençait à exécuter des petites bribes du programme de Daech, avant même qu'ils ne nous le demandent.

Les théoriciens de l'islamisme nous observent attentivement et se régalent. Ils voient le succès des partis antidémocratiques, des partis anti-immigrés, des partis identitaires, la montée des Trump et des Le Pen, les zadistes, la sortie de l'Europe de la Grande-Bretagne, la montée des extrêmes droites à l'Est, le parti xénophobe en Allemagne, les extrêmes gauches qui fraient avec des radicaux musulmans, le désarroi des politiques face au foutoir ingérable d'une opinion agitée par des médias incapables d'informer sans moraliser et qui répugnent à rappeler d'où ils parlent : à savoir du cœur d'une société libre et pacifique qui tient à ses principes d'égalité.

Notre haine de nous-mêmes en tant que citoyens d'États de droit modernes ouvre le chemin à la haine qu'on leur inspire.

En ne nous aimant pas dans ce que l'on est de mieux – des citoyens libres et responsables et fidèles aux principes démocratiques –, on leur fait le cadeau de leur annoncer notre débâcle. C'est notre part de responsabilité dans ce qui nous arrive. À savoir le silence complice d'une génération sur l'islamisation de Molenbeek, et de tous les autres quartiers d'Europe que les radicaux ont réussi à coloniser depuis des années. Que fait Abou Bakr al-Baghdadi devant sa télé lorsqu'il entend Juppé dire que sa mère aussi se couvrait la tête pour aller à la messe ? Ou la bourgmestre de Molenbeek ou le maire de Sevran minauder que leurs villes sont pleines d'énergie et riches de leur diversité ? Ou n'importe quelle belle âme qui appelle au boycott d'Israël à cause des territoires occupés de Cisjordanie, mais qui refuse de dire un mot des territoires occupés par les islamistes en Europe ? Il pose sa kalachnikov pour applaudir des deux mains, en murmurant « Les cons ! ».

Ce sont les mêmes « cons » que désignait Daladier au retour de Munich, quand il vit la foule applaudir à la signature de l'accord avec Hitler. Souvenons-nous de ce qu'a dit Churchill, lors de cet épisode : « Les Français avaient le choix entre le déshonneur et la guerre, ils ont choisi le déshonneur et ils auront la guerre. »

Le paradoxe, c'est qu'aujourd'hui, devant la montée d'une radicalisation de l'islam qui s'attaque à nos sociétés libres et laïques, les choses ne se passent plus de la même façon. Si une part inquiétante des élites choisit le déshonneur, elle n'est plus applaudie par le peuple. Et ce qui est présenté par ces élites médiatiques comme l'«opinion» ne reflète, une fois de plus, qu'une part très minoritaire de la société. Les autres attendent qu'on leur parle. Ils attendent toujours. Et plus ils attendront longtemps, plus ils dériveront, non vers l'extrême gauche autarcique, mais vers les partis d'extrême droite souverainistes.

Ce n'est pas tant la montée de l'islamisme qui pousse les gens à voter ainsi, que l'abandon où les laissent les partis démocratiques et leurs représentants, face à leurs inquiétudes liées à l'islamisme.

Ils attendent. Combien de temps encore ? À chaque attentat terroriste, le discours déshonorant de la peur cherche à nous rendre toujours plus ennemis de nous-mêmes. Si nous nous aimions, et si nous étions aussi fiers d'être civilisés qu'ils le sont d'être barbares, certains djihadistes s'interrogeraient.

Reste à savoir de quelle nature est cette fierté et ce qui la rend légitime. Comme toutes les choses oubliées, on ne sait plus trop de quoi il s'agit, alors que la réalité nous crève les yeux.

Les peuples ne valent pas plus cher les uns que les autres, ils sont tous, en tant que peuple, un «gros animal ». Or, pour des raisons, entre autres, géographiques, parce que l'Europe de l'Ouest a été pendant des siècles l'extrémité du monde connu, et parce que toutes sortes de populations n'ont cessé d'y faire souche, nous vivons sur une terre de mélange. Il existe des vallées enclavées où les gens se marient entre eux depuis des siècles. Dans la plus grande partie de l'Europe, au contraire, c'est le doute de paternité qui préside : personne ne peut affirmer d'où il vient. Seule l'appartenance à une religion a longtemps déterminé un sentiment d'origine, pourtant bien sujet à caution. On peut être chrétien et blanc et avoir dans sa généalogie une foule de pères inconnus dont on ignore quelles étaient les croyances. Cette Europe, dernière station du monde et première patrie cosmopolite, face à la folie religieuse et raciste inhérente à l'homme clanique, pour que règne la concorde dans le peuple, a été contrainte d'inventer autre chose que les appartenances traditionnelles. La France a notamment institué le droit du sol, qui est un droit d'Ancien Régime que la Révolution a pieusement conservé. Le lieu de naissance implique la nationalité. C'est bel et bien parce qu'elle était confrontée à la question de l'incessante bâtardisation qu'elle a institué ce droit qui, en échange, lui a donné sa puissance démographique.

C'est le travail des siècles, avec des tragédies, des guerres civiles, des régressions et des progrès, mais le résultat mérite qu'on y réfléchisse.

Être fier d'être européen, ou français, ou de n'importe quel pays démocratique, c'est être fier de participer activement, chacun selon ses possibilités et ses talents, au fonctionnement de ce que l'humanité a pensé de mieux, à ce jour, comme organisation de la cité cosmopolite. Les citoyens des États modernes de toute condition, s'ils cherchent au fond d'eux-mêmes comme on fouille dans un grenier où, sous la poussière de l'indifférence, sommeille le trésor oublié de la famille, ne manqueront pas de trouver une raison d'être fiers et enthousiastes.

Ils sont les acteurs précieux d'une histoire où les athées honnis, les protestants massacrés, les juifs persécutés, les chrétiens insatisfaits, les métèques inventifs, les femmes humiliées ont, sans même le savoir, uni leurs forces pour imposer, à ce jour, la meilleure des lois. Celle qui retient l'appartenance à l'humanité comme premier critère pour devenir un citoyen de plein droit, et comme second critère l'adhésion du citoyen en question au premier critère.

Il y a, au fond de chacun d'entre nous, comme une pierre précieuse à facettes dotée d'un pouvoir magique. Précisément celui de nous faire aimer cette part de nous-mêmes qui est notre identité commune. Et si nous réussissons à retrouver ce cristal dans la confusion qui règne dans nos vies intérieures négligées, nous sommes émerveillés. Car ses facettes reflètent ce que nous sommes les uns pour les autres : un Grec, qui, depuis deux mille cinq cents ans, arpente l'agora en améliorant sa définition du juste et de l'injuste, un juif qui ne cesse d'interroger la langue pour lui faire dire un droit universel, et un peuple de bâtards qui met tout son génie à leur prêter main-forte. Et, comme dans le mythe de la trinité, ces reflets multiples ne font qu'une seule identité.

Cette identité bâtarde, elle est ce que nous sommes de plus élevé. Elle est la seule qui vaille qu'on la revendique haut et fort, que notre fierté la féconde, qu'on la défende quand elle est attaquée, et qu'on l'aime passionnément.

ÉPILOGUE

Le rayon de soleil sur la lame du sabre
(fiction)

Quelques mois après leur prise de pouvoir, soucieux de consolider leur position par le perfectionnement d'une terreur qui leur avait si bien réussi, les Nouveaux Gouvernants s'inquiétèrent d'une rumeur vague, propre à nourrir leur implacable paranoïa. Un de leurs nombreux services de renseignement leur rapporta l'existence d'une secte dont tous les membres étaient morts, fort heureusement. Mais, d'après certains témoignages, ils avaient mis au point l'arme fatale qui aurait pu barrer la route à leur triomphe. Les sectateurs n'avaient pas eu le temps de l'utiliser, les assassinats de masse les ayant opportunément fait disparaître. Mais cette arme mystérieuse, qu'était-elle devenue? Pouvait-elle encore tomber dans des mains suffisamment expertes? Le Premier Gouvernant s'intéressa personnellement à l'affaire, et décida de convoquer quelques anciens journalistes et universitaires parmi ceux qui s'étaient spontanément ralliés au nouveau pouvoir. Il n'eut que l'embarras du choix. La plupart des notables du journalisme et de l'université s'étaient convertis, car dans ces métiers où la routine est une seconde nature, rien n'est plus pénible que de changer les habitudes.

Il les convoqua au palais. Pendant la première partie de son discours dans lequel il exigeait le secret le plus absolu sur cette réunion et sur ses suites et conséquences éventuelles, il prit la précaution de placer chacun des gardes de telle façon que leurs sabres reflètent de manière agaçante un rayon de soleil qui éblouissait par intermittence les yeux de chacun des participants. Précaution presque inutile, puisque ces Convertis étaient parfaitement conscients de l'immense privilège d'être en vie. C'était un temps où la mort et la torture frappaient avec la banalité indifférente d'une formule de politesse.

Le Premier Gouvernant était consciencieux. Il avait à cœur de mettre tout le monde dans la gêne et le malaise. Il était sale et dégageait une sauvage odeur de bouc dont il semblait fier et qui ajoutait subtilement à la terreur qu'il inspirait. Comme chacun était parfaitement informé de ses pratiques sexuelles – les mêmes que celles de ses soldats, à savoir le viol suivi de torture et pour finir l'assassinat –, on ne pouvait pas éviter d'imaginer avec horreur ce que vivaient ses innombrables victimes avant que la mort ne les délivre. À chacun de ses poignets, il portait une montre volumineuse, et certainement très coûteuse si l'on en jugeait aux petits diamants qui en ornaient les cadrans. Ses doigts sales, terminés par de grands ongles noirs, étaient ornés de grosses bagues, davantage des armes de poing que des bijoux.

« Avant ma victoire, lorsque vous pataugiez encore dans la peur de nous voir arriver chez vous, rassemblés comme des agneaux sous vos lois de bâtards homosexuels et enjuivés, avez-vous entendu parler d'un groupe de gens, d'une secte, d'une équipe, enfin un rassemblement plus ou moins secret appelé Aleph ? » Les Convertis s'entre-regardèrent, en dosant prudemment sur leur visage l'expression d'un léger étonnement et celle d'une complète ignorance. Enfin, à tour de rôle, ils chuchotèrent : « non ». Devant le froncement de sourcils du Premier Gouvernant, l'un d'eux, professeur à l'École des hautes études en sciences sociales rebaptisée depuis peu Commissariat central aux Listes, demanda la parole : « Outre qu'*Aleph* est la première lettre du premier alphabet, c'est aussi le titre d'une nouvelle d'un auteur argentin du XXᵉ siècle. Mais il dédaignait les affaires politiques et, paradoxalement, sa cécité l'a enfermé dans la lecture de livres innombrables. » Le Premier Gouvernant garda un silence préoccupé. Les mots « paradoxalement », « auteur » et le concept de « livres innombrables » échappaient à sa compréhension. Et tout ce qui échappait à sa compréhension devait mourir.

« Je veux savoir qui étaient ces gens qui se réunissaient sous le nom d'Aleph, ce qu'ils faisaient, et ce qu'ils ont inventé. Revenez demain à la même heure pour me communiquer tout ce que vous aurez trouvé à ce sujet. »

Le lendemain, tout se déroula de la même façon, à la différence que les gardes s'étaient rapprochés sensiblement de la table de conférence, le reflet du soleil dans leur sabre s'enfonçant un peu plus douloureusement dans la pupille des Convertis.

L'enquête avait bien avancé. Malgré les attentats massifs qui avaient détruit les moteurs de recherche d'Internet et la déconnexion générale qui s'était ensuivie, en fouillant dans leur mémoire, dans ce qui restait des journaux et des archives qui avaient échappé aux incendies, ils avaient retrouvé la trace du Club de l'Aleph. L'ancien professeur de sociologie, désormais Commissaire aux Listes, tenta de rassurer le Premier Gouvernant en esquissant un sourire avant de déclarer avec, si l'on peut se permettre cet oxymore, une désinvolture crispée : « Il s'agissait effectivement d'un club, composé de quelques lettrés d'horizons divers. Psychanalystes, philosophes, écrivains, anthropologues… » À ce stade de sa phrase, il sentit, aux yeux agrandis et furieux du Premier Gouvernant, qu'il fallait à tout prix s'engager dans une autre voie lexicale. « … Bref, c'était, pour la plupart des vieillards plus ou moins séniles, que nous avions ringardisés depuis longtemps. Nos journaux ne publiaient plus leurs communications, les éditeurs n'éditaient pas leurs livres, sauf parfois, à compte d'auteur, et les médias prenaient soin de ne jamais les inviter. Ils mettaient une ambiance défaitiste dans nos émissions où leur désespoir nuisait à la tonalité optimiste qu'exigeaient les spécialistes de l'audience. N'ayant plus les moyens de parler aux autres, ils en étaient réduits à se parler entre eux. Ils s'envoyaient leurs textes par Internet, et organisaient des colloques où ils se retrouvaient, toujours les mêmes, et toujours moins nombreux, car, faute de nouveaux arrivants, la mort naturelle diminuait régulièrement le nombre de participants. Lorsque votre victoire fut proclamée, ils n'étaient plus que vingt-sept. Puis, pendant les mémorables festivités organisées pour célébrer le Premier Mois de la Révolution, ils ont tous été égorgés. Non parce qu'ils étaient membres du Club de l'Aleph, mais parce que parmi eux, il y avait dix juifs, et dix-sept non-juifs qui fréquentaient des juifs. »

Un interminable silence suivit la communication du Commissaire aux Listes. Le Premier Gouvernant contempla longuement ses lourdes bagues, puis il joua avec les poussoirs de ses grosses montres, tandis que les reflets du soleil sur les sabres faisaient cligner les yeux des Convertis. Enfin, il les regarda un par un. Ils étaient assez lettrés pour lire dans un regard ironique la promesse de l'horreur.

« Que faisaient-ils ? De quoi parlaient-ils ? Qu'ont-ils inventé ? Ont-ils pu dissimuler quelque chose avant de mourir ? Je veux tout savoir. Inutile de vous rappeler que désormais la mort, précédée d'une souffrance sans limites, n'est plus un accident, mais une étape naturelle de la vie, sauf privilège provisoire suspendu à ma décision. Revenez demain, à la même heure. »

Les Convertis se mirent au travail avec une énergie talonnée par l'épouvante. Ils retrouvèrent les actes des derniers colloques et des ultimes débats du Club de l'Aleph. Ils faisaient référence à tout un fatras qu'eux-mêmes – pourtant intellectuels le plus souvent payés par l'État – avaient depuis longtemps oublié. Des textes de Platon, des exégèses de la Bible, des commentaires de philosophes, de poètes, de naturalistes, des mémoires de libertins, des communications d'historiens, d'archéologues, de généticiens, des analyses musicologiques, trois volumes de plus de mille pages chacun, ouvrage collectif publié à compte d'auteur, sur « L'infinitude du Je confrontée à la finitude du Il », neuf heures de vidéos d'un séminaire consacré à un séminaire de Lacan sur des jeux de mots, et le brouillon illisible d'une conférence qui devait avoir lieu le soir même où les Nouveaux Gouvernants ont mis le feu à Notre-Dame-de Paris avant d'installer leurs troupes dans l'immeuble de France Télévisions. Il s'agissait d'une conférence sur *Les Noces*, d'Albert Camus…

Le lendemain, ils s'installèrent autour de la table de réunion. Le ciel était voilé, et aucun rayon de soleil ne se reflétait dans les sabres de la garde prétorienne du Premier Gouvernant pour blesser leurs yeux. Cependant, aucun doute n'était possible, les gardes s'étaient encore rapprochés.

Le Commissaire aux Listes, bien malgré lui désigné porte-parole du groupe d'experts et de chercheurs, tenta d'expliquer en termes simples tout ce qu'ils avaient découvert de ce misérable Club de l'Aleph. Il fit tout son possible pour en souligner la futilité, l'impuissance, le ridicule. Il évita de citer des noms propres, afin de ne pas avoir à entrer dans le labyrinthe de psychologies individuelles dont il sentait que l'issue serait sa propre mort, et pour ne pas froisser l'ignorance du Premier Gouvernant. C'était un exercice très difficile, car l'ignorance de celui-ci était aussi immense qu'était rapide et merveilleusement efficace sa singulière intelligence exclusivement dédiée à la ruse. Le Premier Gouvernant était une parfaite machine à tuer qui n'avait qu'une seule faille : son inexorable penchant pour la cruauté. Il croyait qu'elle était le moteur de sa puissance, c'était sa faiblesse.

Pour conclure cette troisième et ultime réunion, le Premier Gouvernant exigea qu'on lui livre tous les documents que les Convertis avaient collectés pour leur enquête. « Ils sont dans l'antichambre, nous vous les avons apportés », susurra le

Commissaire aux Listes. Le soleil réapparut entre deux nuages, et tous les participants supportèrent sans broncher l'agression de la lumière. Le Premier Gouvernant posa l'avant-dernière question : «L'un d'entre vous est-il capable de résumer en quelques mots compréhensibles ce que cherchait à mettre au point le Club de l'Aleph ? » Un professeur de philosophie, qui autrefois enseignait en banlieue après avoir été coopérant dans le pays d'origine du Premier Gouvernant, demanda la parole. Il avait été l'un des tout premiers Convertis et, pour sa récompense, il avait été nommé Commissaire à l'Allongement arbitraire des Listes, poste très convoité, supérieur à celui de Commissaire aux Listes. «Ces vieillards déments pensaient que le chemin de la concorde civile passait par une sorte de chasse au trésor. Ils croyaient, en explorant inlassablement le fond de l'âme humaine, y trouver l'argument imparable de la concorde.» Le Premier Gouvernant, contenant sa colère, demanda des précisions : «Qu'est-ce que cet argument ?» L'ancien philosophe hésita, conscient de risquer sa vie à chaque syllabe, à chaque into-nation, à chaque crispation de son visage, à chaque mouvement de ses yeux où s'exprimait malgré lui une vanité maladive. Il eut le tort de vouloir étonner le Premier Gouvernant en réussissant à le faire rire : «Au fond, tous ces vieux débris que nous avions déjà pris soin d'écarter de la vie intellectuelle bien avant votre arrivée – je tiens à vous le rappeler

– se réunissaient pour parler d'amour ! » Et dans le silence, il éclata de rire, bientôt suivi par les gloussements prudents de tous les autres Convertis.

Sans l'ombre d'un sourire, le Premier Gouvernant ordonna aux gardes d'égorger avec amour chacun des Convertis. Il s'assit confortablement, sortit son téléphone portable et filma le massacre. Puis il ouvrit les cartons de paperasses et tenta d'y déchiffrer quelque chose par lui-même. Il jetait les feuilles et les volumes dans les flaques de sang avec une violence qui augmentait à mesure qu'il prenait conscience que sa ruse, pourtant virtuose, ne lui permettait pas de les déchiffrer. Il les fit réduire en bouillie à coups de sabre par ses gardes, ce qui prit plusieurs heures.

À partir de ce jour, sa cruauté, pourtant exceptionnelle, fit d'immenses progrès, jusqu'à prendre le pas sur sa ruse.

Parmi les gardes, il y avait un traître. Il avait soigneusement caché qu'il était scribe pour être enrôlé parmi les gardes dont la première qualité requise était de ne savoir ni lire ni écrire. C'est par ses notes que nous connaissons cet épisode.

Dès le lendemain et tous les jours qui suivirent, la situation atteignit un tel degré de confusion que sous les ordres déments du Premier Gouvernant, ses propres milices furent contraintes de s'entre-tuer. Au bout d'un certain temps, dont rien ne peut justifier la longueur, des jeux d'alliances internationales laborieux aboutirent à la décision de donner la pichenette finale qui fit s'effondrer comme un château de cartes le Pouvoir de la Terreur.

Voilà pourquoi désormais, place de la Concorde, face à l'Assemblée nationale, à l'emplacement de l'Obélisque de Louxor dont les troupes du Premier Gouvernant avaient fait un tas de caillasses, on peut admirer un nouveau monument. On y distingue les profils de vingt-sept vieilles dames et vieux messieurs, surmontant l'inscription : « Au Club de l'Aleph, l'humanité reconnaissante. »

BIBLIOGRAPHIE SOMMAIRE

I. Asimov, *Le Grand Livre des robots*, Presses de la Cité, 1990.

Averroès, *Discours décisif*, Flammarion, 1996.

J.L. Borges, *Œuvres complètes*, Bibliothèque de la Pléiade, 2010.

J.-P. Demoule, *Mais où sont passés les Indo-Européens ?*, Éditions du Seuil, 2014.

R. Dumézil, *L'Idéologie des trois fonctions dans les épopées des peuples indo-européens*, Gallimard, 1968.

E. L. Durrell, *Le Quatuor d'Alexandrie*, Le Livre de Poche, 2003.

J. Joyce, *Ulysse*, Le Livre de Poche, 1970.

E. Levinas, *Totalité et infini. Essai sur l'extériorité* (1961), Le Livre de Poche, 1991.

M. Maïmonide, *Guide des Égarés*, Verdier, 2012.

Molière, *Œuvres complètes*, Bibliothèque de la Pléiade, t. 1 et 2, 2010.

Montaigne, *Les Essais*, édité par André Tournon, Imprimerie nationale, 1998.

F. Nietzsche, *Ecce homo* (1888), *Nietzsche contre Wagner* (1889), Le Livre de Poche, 1999.

Platon, *Alcibiade, La République*, Bibliothèque de la Pléiade, t. 1., 1968.

M. Proust, *À la recherche du temps perdu*, Bibliothèque de la Pléiade, t. 1 et 2, 1987-1988.

W. Shakespeare, *Œuvres complètes*, Collection Bouquins R. Laffont, t. 1 et 2, 1959.

Spinoza, *Traité théologico-politique*, Bibliothèque de la Pléiade, 1955.

– *Éthique*, trad. R. Misrahi, PUF, 2005.

Y. Yovel, *L'Aventure marrane*, Éditions du Seuil, 2011.

Cet ouvrage a été imprimé en France
par Brodard & Taupin
à Saint-Amand-Montrond (Cher)
en décembre 2016

Composition MAURY-IMPRIMEUR
45330 Malesherbes

Grasset s'engage pour
l'environnement en réduisant
l'empreinte carbone de ses livres.
Celle de cet exemplaire est de :
000 g éq. CO_2
Rendez-vous sur
www.grasset-durable.fr

**PAPIER À BASE DE
FIBRES CERTIFIÉES**

N° d'édition : – N° d'impression :
Dépôt légal : décembre 2016
Imprimé en France

.

www.ingramcontent.com/pod-product-compliance
Lightning Source LLC
Chambersburg PA
CBHW070915270326
41927CB00011B/2577